La Ville de Château-Thierry

(SES TRANSFORMATIONS A TRAVERS LES AGES)

PAR

GEORGES POMMIER

Président de la Société Historique et Archéologique
de Château-Thierry

LIBRAIRIE MODERNE

L. MARCHAND — Château-Thierry

1923

———

LA VILLE DE CHATEAU-THIERRY

(Ses transformations à travers les âges)

Tableau de COROT (reproduit par Fréd. HENRIET d'après un dessin de A. ROBAUT)
Ce tableau a été vendu en 1900 à M. H. S. Henry de Philadelphie pour la somme de 50,000 fr.

Georges POMMIER

NOS VIEUX MURS

La Ville de Château-Thierry

(Ses transformations à travers les âges)

CHATEAU-THIERRY

IMPRIMERIE COMMERCIALE

50, Rue de la Madeleine, 50

1920

AVEC LA COLLABORATION DE

M. FRÉDÉRIC HENRIET

POUR LES VUES ET LES DESSINS

M. RIOULT-COMPÈRE

POUR LES PLANS

LA
VILLE DE CHATEAU-THIERRY

(Ses transformations à travers les âges)

CHAPITRE PREMIER

LES ORIGINES PRÉSUMÉES

Otmus. — Tideriacum

La Société Historique et Archéologique de Château-Thierry publia, dans ses Annales, en 1890, un rapport de l'un de ses membres, M. Harant, ancien agent-voyer d'arrondissement, sur des fouilles qui venaient d'être faites au lieudit : *Les Hérissons*, petite colline située entre Château-Thierry et le village Saint-Martin.

Ces fouilles, disait le rapporteur, ont donné, partout, des fondations de murailles, des traces de chaussées et de rues, et aussi *des traces d'incendie* (cendres et charbons), des débris de toutes sortes d'objets, des éclats de grandes poteries et de vases brisés que l'on a pu restituer, des puits en pierres sèches, des ossements, des ferrailles, dont une lance ayant la forme d'un couteau de boucher, etc., etc., enfin des médailles diverses, gauloises et romaines, dont une de Marc-Aurèle, très bien conservée.

Au sud du mamelon exploré et dans son versant méridional, le long du village Saint-Martin, se trouve une dépression de terrain affectant la forme d'une courbure et pouvant faire croire à l'emplacement d'un amphithéâtre. Une fouille y a été faite, à peu près normalement à la courbure et elle a donné la trace de deux murs parallèles espacés de 12 m 70 et placés à 2 m 50 de différence d'altitude. Ces murs permettent de supposer qu'ils devaient limiter, en haut et en bas, des gradins en pierre ou gazon destinés à des spectateurs... (*Voir plan n° 1.*)

L'idée d'entreprendre des fouilles en cet endroit avait été suggérée à la Société Archéologique de Château-Thierry par les travaux d'un membre de l'Institut, M. Longnon, travaux relatifs à une circonscription gallo-romaine dépendant de la cité des Suessions, laquelle faisait partie de la province de la Gaule-Belgique et de la subdivision de la 2ᵉ Belgique. (La Marne séparait la Gaule-Belgique de la Gaule-Celtique.).

Cette circonscription dénommée *Pagus Olmensis* (pays d'Otmois) devait avoir un chef-lieu. Certains indices recueillis avec soin facilitèrent les recherches et la colline des Hérissons livra son secret. Il restait à trouver le nom de l'antique cité dont ses flancs recélaient les intéressants vestiges.

S'il est vrai que la circonscription romaine, tout comme un simple arrondissement de nos jours, empruntât son nom à la ville qu'elle avait choisie comme capitale, celle qui nous occupe s'appelant : *Pagus Olmensis*, son chef-lieu ne pouvait que s'appeler OTMUS.

Plusieurs vieilles médailles, trouvées par les vignerons de Saint-Martin, portaient la légende : *Odomo fil.* Otmus pouvait être une contraction ou une modification du mot Odomus et même Odomagus.

Telle est l'opinion de M. Harant. En voici une autre :

Un auteur anonyme qui rechercha, dans la nuit des temps, les origines de la Gaule, rapporte que le nord de cette contrée, habitée par des peuples braves et industrieux tels que les Belges, les Bellovaques et les Suessions, avaient atteint un haut degré de prospérité. Des échanges s'y effectuaient : la

Marne, couverte de bateaux, établissait des rapports fréquents entre Châlons, Château-Thierry et Paris qui étaient déjà *des villes importantes*. Située sur un point intermédiaire, aux confins de la Gaule-Belgique, Château-Thierry devait être l'oppidum du *Pagus Vasinus*. Il était connu sous le nom de TIDERIACUM.

Otmus ?... Tideriacum ?... Lequel de ces deux noms est le véritable ? Si Château-Thierry les a portés successivement, lequel est le plus ancien ? Jusqu'à ce jour, il n'a pas été possible de répondre à ces questions. Mais le fait certain, indéniable et... esssentiel, en somme, c'est l'existence sur la colline des Hérissons et presque en bordure de la voie romaine qui allait de Troyes à Saint-Quentin, d'une très ancienne bourgade qui déjà était disparue toute entière à l'époque de la conquête de la Gaule par les Francs-Mérovingiens.

Quelle fut la cause de son brusque anéantissement ?

Dans une étude très documentée faite par M. l'abbé Pécheur, secrétaire de la Société Historique de Soissons, sur l'occupation de notre contrée par les Huns, au ve siècle de l'ère chrétienne, on apprend que l'armée d'Attila vint, en partie, s'établir à Oulchy-la-Ville, Oulchy-le-Château, Cugny-les-Crouttes ; des détachements furent envoyés sur Soissons et Château-Thierry. Pour plus de clarté, donnons à Château-Thierry le nom d'Otmus.

Otmus aurait donc subi le sort de toutes les villes qui se trouvaient sur le passage des barbares. Terrorisés par les récits de ceux de leurs compatriotes du Nord et de l'Est qui fuyaient devant l'avalanche, et, ne se sentant pas plus qu'eux capables de lui opposer une digue suffisamment résistante, nos ancêtres abandonnèrent leurs foyers et coururent se réfugier dans les forêts voisines dont, à cette époque, on n'avait guère que l'embarras du choix. Le « Fléau de Dieu » ne laissa pas pierre sur pierre de la petite cité gallo-romaine.

Evidemment, ce n'est là qu'une hypothèse ; rien ne prouve, en effet, que les Huns aient détruit Otmus. Mais de ce qu'on a pu établir, d'une façon à peu près certaine qu'ils vinrent dans cette ville, il est permis de croire qu'ils s'y comportèrent comme ils avaient l'habitude de le faire partout ailleurs, c'est-à-dire en véritables sauvages.

Cette invasion dont on peut comparer les effets à ceux du plus terrible des cyclones...

> Le plus terrible des enfants,
> Que le Nord eût portés jusque-là dans ses flancs,

comme dit La Fontaine, se brisa un jour, dans les plaines de Châlons-sur-Marne contre les forces réunies des peuples qui se partageaient la Gaule : Celtes, Armoricains, Germains, Burgondes, Goths, etc., et qui, ayant enfin compris la nécessité d'un commandement unique, confièrent la direction des opérations militaires à un chef habile, le général romain Ætius.

Attila, vaincu, fit tant bien que mal, à la hâte, un paquet de ce qui lui restait de soldats et repassa le Rhin.

* *

Quand le calme fut revenu, les habitants d'Otmus ne trouvant plus que des ruines là où ils avaient laissé une cité florissante, se mirent en devoir de bâtir une ville nouvelle près de l'ancienne, utilisant, à cet effet, les matériaux épars sur le sol et se servant des empierrements de la voie romaine qu'ils n'hésitèrent pas à défoncer. Cette ville que nous pouvons considérer comme le véritable berceau de Château-Thierry comprenait les Chesneaux (Querculi) les Vaux-Crisés (on disait aussi Vaux-Croises, Vaux-Cruises), la Madeleine, Saint-Crépin et Saint-Martin; elle s'arrêtait à l'endroit où passe, aujourd'hui, l'avenue de Soissons. Au delà, c'était la plaine d'où émergeait à une petite distance du nouvel Otmus, et à son orient, un îlot rocheux sur lequel Charles-Martel allait bientôt construire un palais fortifié pour le roi Thierry IV.

Franchissons rapidement quelques étapes.

Ce palais, nous l'avons dit dans un précédent ouvrage (1), ne résista pas à deux sièges successifs qu'il eût à soutenir au xᵉ siècle. On en répara sommairement les parties qui avaient le plus souffert et il subsista tel quel jusqu'au jour où le comte Hugues Thierry conçut le projet d'un édifice militaire de premier ordre. Commencé en 1060, ce château-fort aurait été achevé quelque quatre-vingts ans plus tard par Thibaud-le-Grand. (2)

Nous ne saurions préciser l'époque à laquelle les populations des campagnes voisines vinrent, avec l'autorisation du seigneur, chercher sous ses murs un abri contre les bandes pillardes et y amorcer une nouvelle agglomération urbaine, mais il est probable que, déjà, au temps de Charles Martel, plusieurs maisons furent bâties proche les remparts de la demeure royale. Leur nombre augmenta sensiblement sous la domination des Thierry et plus encore sous celle des Thibaud (3), lorsqu'on vit une forteresse féodale se dresser, menaçante et protectrice à la fois, au-dessus de la vallée ; puis l'espace compris entre la citadelle et la rivière devint un vaste chantier de constructions d'où sortit enfin, avec ses rues, ses places et ses édifices un bourg normalement constitué. Et, jusqu'aux temps modernes, ce bourg que Thibaud-

(1) *Nos Vieux Murs. Le Château de Thierry.*

(2) Telle est la légende ; mais nous devons, ici, tenir compte de l'opinion d'un archéologue distingué, M. Broche, actuellement archiviste du département de l'Aisne. M. Broche se refuse à voir plusieurs campagnes dans la construction de notre vieille forteresse qui, toute entière, selon lui, serait l'œuvre des architectes militaires de la fin du xⁱⁱᵉ et du commencement du xⁱⁱⁱᵉ siècle.

(3) La nécessité de loger les officiers du prince donna lieu à quelques augmentations au château ; le même motif engagea d'élever, près de celui-ci, quelques maisons : le nombre s'en accrut ensuite, soit à cause de l'heureuse position où se trouve la ville, soit parce que Château-Thierry devint le séjour habituel des comtes de Champagne (Brayer : Statistique du département de l'Aisne, page 153).

Brayer se trompe : ce n'est pas Château-Thierry, mais Provins qui fut le séjour *habituel* des comtes de Champagne.

le-Grand fit encercler de murs et de tours demeurera distinct de la ville qui avait remplacé Otmus. Son voisinage lui fera même courir grand péril. Placés entre l'attaque et la défense, entre le marteau et l'enclume, les quartiers de Saint-Crépin, de Saint-Martin et de la Madeleine vont se trouver, au cours des luttes prochaines, dans une situation des plus critiques. Si, au midi, la Marne creuse, pour leur sûreté, un fossé naturel, au nord et à l'ouest, ils restent largement ouverts, involontairement hospitaliers à l'ennemi qui, arrivant à l'improviste, y trouvera toujours des vivres en assez grande abondance et des logements confortables.

Après un certain nombre d'épreuves, nos seigneurs et gouverneurs se décidèrent à faire quelque chose. « Lorsque les Anglais eurent été chassés de ce pays, dit l'abbé Hébert, on voulut que le quartier Saint-Crépin pût aussi opposer quelque résistance et quelque obstacle aux ennemis qui tenteraient de s'en emparer. On ferma donc d'une porte de ville l'entrée du faubourg Saint-Martin. Cette porte fut nommée porte d'Essômes. Elle était resserrée entre les maisons formant le coin de la rue qui monte au village Saint-Martin et la grande maison sise au-dessus du réservoir du Moulin du Roy. On construisit une autre porte de ville dans le faubourg de la Madeleine, un peu au delà de l'entrée du cimetière. Comme la précédente, elle avait une poterne à l'usage des piétons. »

Ces tardives mesures de protection étaient encore très insuffisantes. On se rend compte que l'ennemi n'éprouva jamais beaucoup de peine à forcer les portes de la Madeleine et de Saint-Martin. Elles l'arrêtaient cependant, et si court qu'il fût, cet arrêt permettait aux habitants de se réfugier dans le bourg avec armes et léger bagage. Ils en renforçaient la garnison.

Leurs maisons abandonnées tombaient au pouvoir de l'envahisseur qui, lorsqu'il se voyait dans l'obligation de lever le siège, après d'inutiles efforts pour se rendre maître de la place, ne s'éloignait jamais sans en avoir incendié ou démoli quelques unes. Il avait à cœur de laisser d'inoubliables mar-

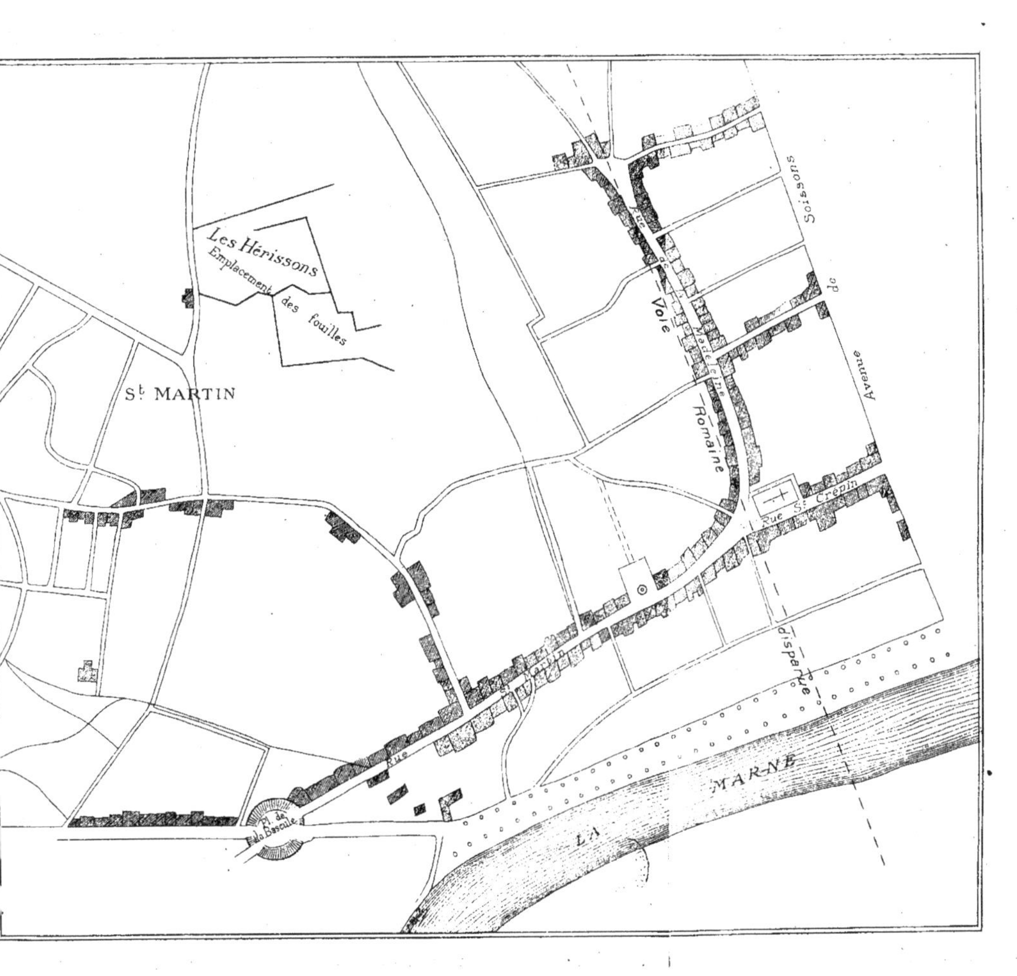

Les Hérissons
Emplacement des fouilles
St MARTIN
Soissons
de
Avenue
Voie
Voie Antique
Romaine
Rue St Crépin
disparue
Rue
Pl de
la Bascule
LA
MARNE

ques de son passage. En outre, à partir d'une certaine époque, elles étaient exposées au double feu des remparts de la ville et du château qui les mit souvent mal en point. Dans ces circonstances, amis et ennemis étaient également à redouter. Les guerres furent particulièrement désastreuses pour les quartiers excentriques de Château-Thierry. Aussi, est-ce en vain que nous y chercherions, aujourd'hui — l'église Saint-Crépin mise à part — quelque trace d'une architecture gothique ou renaissance. Les seuls vestiges — encore sont-ils très rares — d'édifices rappelant les styles de ces temps lointains, nous les trouvons à l'intérieur de l'ancienne enceinte des Comtes de Champagne.

Voilà donc le Château-Thierry primitif déchu de son rang de ville et tombé à la condition d'annexe ou de faubourg. Pas tout à fait cependant, car il concentrera longtemps encore toute l'activité commerciale du pays.

Le carrefour auquel aboutissent les rues de la Madeine, des Petits-Champs et le chemin du Buisson répondait au nom pittoresque de place *Vuide-Bourse*. N'allez pas croire qu'il s'agissait là de quelque endroit fréquenté par les malandrins où, passé l'heure du couvre-feu, il était dangereux de s'aventurer. Le carrefour *Vuide-Bourse* était un honnête et inoffensif carrefour. C'est là que se tenait le pré-marché et le marché aux bêtes.

La halle au *bled* était contiguë à un petit cimetière qui se trouvait devant l'église Saint-Crépin. Dans la rue du même nom, plusieurs grandes halles offraient — moyennant redevance — leurs abris momentanés aux cultivateurs, éleveurs et industriels de la ville et de la région pour l'exposition et la vente de leurs produits. Enfin, et nous touchons ici à l'administration de la cité, c'est, comme l'avait ordonné une charte de Philippe-le-Bel, dans l'église de la *Benoite Magdeleine* que devait s'assembler, tous les ans, le jour des brandons, les manants et habitants de Chaûry afin d'y donner à douze électeurs de leur choix la mission délicate de désigner les quatre échevins de la ville. Ceux-ci étaient revêtus de l'autorité nécessaire pour défendre les droits, franchises et autres libertés de la communauté et établir la répartition de l'impôt seigneurial. Nul élu ne pouvait se dérober à ces fonctions.

C'était là, il faut en convenir, de sérieux avantages auxquels on ne renonce pas volontiers. Il fallut les circonstances exceptionnelles suivantes pour que les vieux quartiers s'en laissassent, sans trop de murmures, dépouiller au profit des quartiers neufs bâtis au pied du château.

Au cours de la guerre de cent ans, Château-Thierry fut assiégé et pris par les Anglais en dépit de l'héroïque résistance du commandant de la garnison, le brave La Hire. L'ennemi trouvant la ville et ses environs à sa convenance, y séjourna pendant huit ans. Ce fut Jeanne d'Arc qui nous débarrassa de sa présence.

« La domination anglaise, dit l'abbé Poquet, amena de notables changements dans les habitudes de la ville. On cessa de fréquenter le marché *Vuide-Bourse* qu'on avait dû quitter pendant le siège; on choisit la place de l'Hôtel-de-Ville comme plus au centre (1). L'église de la Madeleine qui servait encore aux assemblées des marguilliers et à l'élection des échevins perdit cet unique privilège. On abandonna la halle au blé devant le petit cimetière Saint-Crépin, les halles aux veaux, aux cuirs, etc., furent successivement délaissées. Sans l'église paroissiale, on eût presque oublié l'ancienne ville... »

* * *

Ce court préambule était indispensable pour faire connaître les origines de Château-Thierry et marquer la tendance qu'il eût toujours à s'étendre vers l'est, contrairement à la règle qui préside au développement des villes. On a remarqué, en effet, que d'une façon générale, leurs accroissements se font du côté de l'occident. La cause de cette anomalie, nous la

____

(1) Nous verrons plus loin que cette version de l'abbé Poquet n'est pas tout à fait exacte.

trouvons dans la position de son château par rapport à l'ancienne cité, et dans ce fait que les endroits fortifiés attiraient dans leur voisinage les populations en quête d'une protection efficace contre les bandes de rapine et de meurtre.

Comme dans les genèses de cette sorte, la fable se mêle à la vérité dans des proportions qu'il n'est pas facile de déterminer, nous n'insisterons pas davantage sur les commencements de notre histoire. Jusqu'au xiie siècle l'historien et l'archéologue surtout ne peuvent opérer que sur des données très vagues. En ce qui nous concerne et pour les diverses questions que nous nous proposons de traiter, nous nous contenterons de prendre Château-Thierry vers le temps où il constituait une véritable petite place de guerre, à laquelle l'ennemi eût hésité bien des fois à se frotter, s'il n'avait pas cru devoir compter sur la trahison pour s'en faire ouvrir les portes.

Donc, vers l'an 1400, la ville proprement dite qu'on appela longtemps le *Bourg* avait pour limites : au midi, la rivière de Marne, au nord, la forteresse, à l'ouest et à l'est, des terrains vagues qui la séparaient des faubourgs Saint-Crépin, Saint-Martin, de la Poterne et de la Barre. On tracera plus tard, dans ces terrains, de belles routes spacieuses qui deviendront en dernier lieu les avenues de Soissons, Joussaume-Latour et de la Barre.

Au delà de la rivière, que l'on passait sur un pont de neuf arches, un troisième faubourg s'était formé qui reçut le nom de *faubourg d'Oultre-Marne*. Il aboutissait à la place de *la Belle-Croix* au delà de laquelle s'étendait, sur un vaste espace, à gauche et à droite de l'ancienne chaussée Brunehaut (1), une épaisse forêt de châtaigniers, connue sous le nom de forêt *d'Anjou*. L'orthographe de ce nom varie d'un manuscrit à l'autre ; on trouve *Anjou* et *Enjoue*, puis *Agio* et *Ajo*, qui sont des déformations. Ce bois de châtaigniers avait une réputation détestable, amplement justifiée par ce fait qu'à de certaines époques de l'année, il donnait asile à des bandits de

---

(1) Actuellement avenue de Montmirail.

la pire espèce. Embusqués dans les taillis au bord de la route, ils se jetaient sur les passants et les assassinaient puis, après les avoir détroussés, jetaient leurs corps à la rivière. La forêt d'Anjou était une petite forêt de Bondy, aussi un ancien guide cité dans le manuscrit de Chappelain du Moncet donne-t-il aux voyageurs ce conseil prudent : « *Prenez par les hauts pour aller de Château-Thierry à notre bonne ville de Nogent-l'Artaud à cause du dangereux passage de la forêt d'Anjou.* »

A quelle époque fit-on table rase de ce bois mal famé qui constituait un danger permanent pour les habitants de Nogentel et de Chézy, voire pour ceux de notre faubourg d'Oultre-Marne? Nous n'avons pu obtenir aucune précision à cet égard, sa disparition daterait des premières années du xviiie siècle....

Sur la colline des Chesneaux qui domine le tout, plusieurs habitations se groupaient autour d'un palais et d'une métairie qui avaient appartenu à Charles-Martel et étaient devenus, sous Thibaud-le-Grand, la propriété des moines de Val-Secret. Ces religieux y rendaient la justice dans la salle basse d'un donjon bâti au fond d'une cour où l'on pénétrait par une grand'porte surmontée d'une très belle arcade en pierre. De ce donjon, comme d'ailleurs du palais et de la métairie, il ne reste aucune trace.

La rivière de Marne (hic matrona), séparait la Brie de la Galle-Vèse. Le faubourg de Marne ou d'Oultre-Marne était du côté de la Brie. La ville, le château et les autres faubourgs faisaient partie de la Galle-Vèse (1).

---

(1) Les écrivains ont varié sur l'étimologie du mot Galvèse (ou Galle-Vèse), quelques-uns l'ont fait dériver de *Gallo-Helvétia*, Suisse française, à cause de la beauté de ses paysages. (Lavallée, *Journal des Chasseurs*, avril 1838) d'autres de Galliam-Vescens, nourrice de la Gaule, à cause de la fertilité de ses campagnes. Il nous semble plus naturel de croire, dit l'abbé Poquet, que c'est un composé des deux mots latins Gallia-Vetus, Vieille Gaule. Nous ignorons, au reste, jusqu'où s'étendait cette Galvèse dont Château-Thierry passe pour avoir été la capitale.

CHAPITRE II

LE BOURG

Son Enceinte. — Ses Portes

L'ENCEINTE. — Imaginez une bague géante ornée de pierreries et se fermant sur un joyau plus gros que les autres, vous aurez une idée de l'aspect que présentaient, au Moyen-Age, l'enceinte du bourg et le château. C'était l'œuvre des Comtes de Champagne et en particulier de Thibaud-le-Grand.

Nous lisons dans un vieux manuscrit : « *Château-Thierry était un* FORT *avant l'invention du canon et des mines, revêtu de tours couvertes d'ardoises de trente hasts en trente hasts se deffendant l'une l'autre ainsi que les murs et les fossés de la ditte ville, car les murs étaient anciennement pourvus d'eau et de fossés que l'on avait fait d'espace à autre, et de gros piliers et digues, faits à chaux et à ciment, larges par le bas et venant en pointe par le haut.* »

La distance qui séparait une tour de sa voisine était, nous dit-on, de *trente hasts*. Le mot hast vient du latin *hasta* qui signifie : pique, javelot et nous devons entendre par là que l'une ou l'autre de ces armes est prise, ici, comme mesure de longueur.

La plupart des tours avaient, comme celles du château, deux ou trois étages sous combles.

Quant aux piliers et digues faits à chaux et à ciment, c'était de simples contreforts disposés de place en place pour résister à la poussée des murs.

L'eau qui remplissait les fossés provenait de sources captées dans la montagne des Chesneaux ou dans ses environs. Les fossés protégeaient la base du rempart et pourtournaient les saillies des tours.

Au midi, la rivière de Marne, dont le lit était plus large et moins profond que de nos jours longeait les murs de la ville et baignait une île étroite et longue, plantée d'arbres, en aval du grand pont. Les estampes de Chastillon et de Tassin qui n'en sont pas à une erreur près situent cette île en amont. Peut-être ces deux topographes avaient-ils entendu dire qu'au temps des Comtes de Champagne un brasset ou canal se détachait de la rivière à l'endroit où finit aujourd'hui le quai de la Poterne, franchissait les Petits-Prés, passait, sous deux arches, dans la rue du Pont, traversait la Cour de Lange (rue Drugeon-Lecart) et après cette petite escapade, regagnait son premier lit au bas de la rue des Moulins. L'abbé Hébert rapporte dans ses mémoires qu'un plan de la ville gravé par Jacques Callot en indiquait le cours avec précision. Mais Callot, pas plus d'ailleurs que Chastillon qui, tous les deux, vivaient aux xvie et xviie siècles n'ont pu voir ce brasset, Thibaud-le-Grand l'ayant fait combler au moment ou il conçut le projet de fortifier le bourg, c'est-à-dire vers le milieu du xiie siècle. Le dessin du célèbre artiste n'aurait donc été que la reproduction d'un travail très ancien dont un seigneur désirait garder le souvenir dans les archives du château.

Cette intéressante copie disparut pendant les troubles de la Révolution et nous ne pouvons que le regretter, car elle nous eût guidé plus sûrement dans nos recherches. Plusieurs manuscrits lui suppléeront en partie ; d'autre part, il existe encore, sur le sol même et en bonne place des vestiges qui permettent de restituer à la ville son cadre moyenâgeux.

Comme points de repère, nous avons, à l'ouest, les murs de clôture des jardins attenant aux maisons de la rue Jean de La Fontaine. Ces murs moussus ont, en dépit de leurs déformations, conservé, si nous osons dire, leur aspect de vieux grognards. Il n'y a pas à les confondre avec ces frêles barrières de chaux et de pierres qui entourent nos vergers dans leur voisinage.

Au midi, nous avons, en bordure du Champ de Mars, les restes d'une tour à laquelle s'accote un bout déchiré du rempart... tout juste ce qu'il en faut pour que nous puissions nous rendre compte de l'épaisseur et de la solidité de sa maçonnerie.

Au sud-est, s'avance l'imposant massif de la tour de l'Hôtel-Dieu.

A l'est, enfin, de hautes murailles en bon état de conservation montent, pour s'y rattacher, vers la porte Saint-Pierre. (*Voir fig. 2.*)

Si nous voulons bien prendre la peine de relier entre eux et aux emplacements connus des portes de la Ville, par des lignes droites, ces débris de la vieille enceinte, nous obtiendrons un tracé qui ne s'écartera pas très sensiblement du tracé réel. Que n'y pouvons-nous remettre chaque tour en la place qu'elle occupait, la reconstitution serait complète. Bornons-nous à mentionner celles dont parlent nos vieux grimoires et celles qui ont, par miracle, échappé à la destruction totale...

*
* *

Au pied de ce bastion carré dont le soubassement en ruine s'adosse aux escarpements du château, à l'une des extrémités de *l'allée du Cordier*, on voyait encore, quelques années avant la Révolution, une voûte ogivale flanquée de tours démantelées. Sous la voûte gravois et pavés s'entassaient. Ce monument abandonné dont beaucoup réclamaient la démolition était une des anciennes portes de la ville. On l'appelait *la Porte de Beauvais*. Devant s'étendait le parc du château et, derrière, une vaste place sur laquelle Antoine, dit le Bâtard de Bourgogne, avait fait construire en 1477 une chapelle et un couvent fortifié pour les Cordeliers de l'Observance, prêtres de l'ordre de Saint-François, mandés par ce seigneur à Château-Thierry.

C'est de la porte de Beauvais que partaient, pour se diriger vers la rivière de Marne, les remparts qui fermaient le bourg, à l'ouest. Au lieudit : *les Quatre-Vents*, une seconde porte de ville : la porte Saint-Crépin, y faisait une trouée. Si l'on s'en rapporte à une peinture assez ancienne, il y avait trois tours entre la porte de Beauvais et la porte Saint-Crépin. Derrière la maison Jean de La Fontaine subsistent les vestiges de l'un de ces saillants (1); il ne reste plus trace des deux autres.

La *Tour de l'Éperon*, signalée dans certain manuscrit, se dressait à l'angle nord-ouest, près de la porte de Beauvais. Elle devait son nom soit à sa position, soit à la forme de son architecture. Dans ce dernier cas, elle présentait une saillie angulaire sur l'escarpe du fossé.

De la porte Saint-Crépin, la muraille filait, en ligne oblique, vers la tour d'angle sud-ouest de la cité, au bord de la Marne. Nous pensons que, sur ce parcours, on rencontrait deux autres ouvrages défensifs. Cette supposition conforme aux indications contenues dans le manuscrit cité plus haut : *les tours étaient distantes les unes des autres de trente*

(1) En 1765, Louis de Bourbon, comte de Clermont, prince du sang, pair de France, gouverneur et lieutenant général pour le Roy des provinces de Champagne et de Brie, accorda à M. François Masson, propriétaire de la maison de Jean de La Fontaine, la permission de démolir une partie de la tour et du mur du rempart, au bout de son jardin. Cette tour et ces murs, par l'ombre et la fraîcheur qu'ils jetaient, procuraient journellement une humidité considérable dans l'intérieur de sa maison, ce qui la rendait tout à fait malsaine. (Archives municipales.)

(Fig. 2.)   REMPARTS DE L'EST

hasts (1), est, en somme permise. Nul doute que cette partie de l'enceinte qui, malheureusement, ne figure sur aucune des vues que nous possédons, ne fut, en tous points, semblable aux autres.

Aussi longtemps que la Marne occupa son ancien lit, la tour sud-ouest (Tour Gabiot) constitua un sérieux danger pour la navigation. Rien de plus funeste aux bateaux, dit l'abbé Hébert, que cette espèce d'écueil contre lequel le courant les entraînait avec rapidité ! Beaucoup s'y brisèrent.

A partir de ce point, les remparts bordaient la rivière jusqu'à la porte du Grand Pont : signalons deux autres tours situées, la première, un peu au delà de la rue des Moulins (rue Lefèvre-Maugras) et connue sous le nom de *Tour Bannière*, la seconde, au fond de la Cour de Lange (rue Drugeon-Lecart) et répondant au nom de *Tour de la Prison*.

Tour bannière : que signifie ce nom ? L'appelait-on ainsi parce qu'on l'avait choisie entre toutes pour y déposer la bannière aux armes de la ville ou bien parce qu'on arborait cette bannière à son faîte, dans les circonstances solennelles ?... Peut-être le capitaine de quartier ou *chef de bannière* y logea-t-il à une certaine époque ?

Mais le mot bannière est aussi le féminin de l'adjectif bannier, synonyme de banal. On disait autrefois : *un moulin bannier, un four bannier*. Or, le four bannier était celui auquel bourgeois et manants étaient tenus de faire cuire leur pain, moyennant légère redevance au profit du seigneur. Bourquelot nous dit que les Comtes de Champagne, dans les

---

(1) Les tours ou les forts ne devaient pas s'écarter les uns des autres de plus d'une portée d'arme, afin de pouvoir se secourir mutuellement. Au temps des Wisigoths, la distance de 25 à 30 mètres était indiquée par la portée de l'arc. Sous Louis VIII, la distance de 30 à 40 mètres concordait avec l'arbalète nouvellement inventée. A l'époque de Philippe-le-Hardi, les perfectionnements de l'arbalète permirent d'éloigner les tours de 50 mètres. De telle sorte qu'on peut dire, en thèse générale, que plus les tours sont rapprochées, plus l'enceinte dont elles font partie est ancienne, au moins dans sa première construction. (G. JOURDANNE.)

chartes constitutives de la commune de Provins, insistent
fortement sur cette obligation. Ce sont précisément ces mêmes
Comtes de Champagne qui ont fortifié Château-Thierry aux
xiie et xiiie siècles : rien de surprenant à ce qu'on eût construit, par leur ordre, un four banal ou bannier dans l'une des
tours de l'enceinte.

La tour suivante, en raison de son affectation particulière,
avait reçu le nom de *Tour de la Prison*. Bâtie en vue de la
défense, on ne pouvait la détourner complètement de sa des-
tination première et la reléguer au rang de simple bâtiment
civil. Aussi avait-elle été divisée en deux parties bien dis-
tinctes : en haut le service militaire, en bas le service de la
prévôté et les cachots. En temps de siège, les soldats pre-
naient possession de l'édifice tout entier. Quant aux détenus
dont une surveillance relachée eût pu favoriser l'évasion, il
est probable qu'on les enfermait momentanément dans les
geôles du château.

Au delà du pont, le rempart obliquait brusquement à gauche en s'éloignant de la Marne. En deçà de la première arche
s'ouvrait la grand'porte de ville, dite porte Saint-Jacques,
précédée, sur le pont même, d'une porte plus petite, toutes
deux défendues par le fort Saint-Jacques qui, à quelque cinquante mètres, en arrière, les dominait de ses sveltes tourelles
crénelées. Auprès de la grand'porte, la muraille était percée
d'une baie étroite dite *poterne Saint-Jacques* que surplombait
une galerie double munie de hourds, à cheval sur la courtine (1). Derrière, on avait creusé un fossé large et profond,
un *ah ! ah !*, pour employer le terme de métier par lequel on
désignait ce piège de guerre. Si l'ennemi tentait de franchir
la poterne et de s'introduire, par là, dans la ville, le ah ! ah !
lui faisait payer cher l'étourderie de son premier élan. Du
sommet de la contre escarpe, une équipe de défenseurs ache-
vaient de l'écraser, en faisant rouler d'énormes pierres dans

(1) Cette petite fortification portait le nom d'*Eschif*.

le fond du fossé ; d'autres criblaient de flèches et autres projectiles tout nouvel assaillant qui surgissait dans l'encadrement de la porte. Du dehors, on ne pouvait se rendre compte de ces dispositions, mais il fallait se méfier des points qui semblaient faibles, à première vue ; tant pis pour qui se laissait prendre à leur petit air Sainte-Nitouche.

En temps de paix, une passerelle installée sur cette tranchée permettait aux habitants de se rendre aux Petits-Prés ou à la rivière par la poterne Saint-Jacques.

Jusques et y compris l'angle sud-est, trois tours flanquaient les remparts, derrière les bâtiments de l'Hôtel-Dieu. Seul, l'ouvrage subsistant encore en partie, au coin de l'avenue Joussaume-Latour et du chemin qui mène au faubourg de la Barre, mérite une mention spéciale. Si sa hauteur était proportionnée à son développement circulaire, il n'était pas beaucoup d'enceintes de villes ou de châteaux qui pussent se flatter d'exhiber un monstre pareil.

A notre avis, cet ouvrage n'a jamais été beaucoup plus haut qu'il ne l'est de nos jours. Tout porte à croire que sa construction ne remonte pas au delà du xvi⁵ siècle, époque à laquelle on dut modifier profondément l'architecture de ces édifices pour les rendre propres à l'usage des nouveaux engins dus aux progrès de l'art militaire. Pour l'installation et la manœuvre de ces engins, il fallait de vastes plates-formes, élevées de quelques mètres, seulement, au-dessus du sol avec, à l'intérieur de la maçonnerie qui les recouvrait de la base au faîte une salle unique destinée à loger canons et boulets. La grosse tour de l'Hôtel-Dieu nous semble répondre assez exactement à ce programme. On descendait dans la salle de cette tour, non par un escalier, mais par un chemin en pente douce rendu praticable aux pièces d'artillerie. Il est à peu près certain que cet énorme saillant a été bâti sur l'emplacement d'un ouvrage du xiie siècle auquel on ne pouvait faire subir les transformations désirables.

Remontons maintenant vers la porte Saint-Pierre ; c'est la dernière étape qu'il nous reste à franchir pour arriver au

(Fig. 3)   TOUR FRÉDÉRIC HENRIET

terme de notre petite promenade à travers ces ruines intéressantes. Trois tours s'échelonnent encore le long des murs ; l'histoire ne nous a pas conservé leurs noms, aussi nous permettrons-nous, pour éviter toute confusion, de leur donner ceux de leurs propriétaires ou possesseurs actuels : Frédéric Henriet *(voir fig. 3)*, comte de Rilly, Jourdain. (1)

M. Frédéric Henriet, le très distingué vice-président de la Société Historique et Archéologique de Château-Thierry, a cru devoir, en sa triple qualité d'historien, d'artiste et de propriétaire, consacrer à sa tour une étude des plus complètes. Il nous dit ses origines, nous la montre toute agitée d'une vie guerrière, au plus fort de l'action, quand Château-Thierry est assiégé, puis tombant à des destins débonnaires et prenant ses invalides. L'état actuel du monument lui offre l'image « d'un gigantesque pot de fleurs émergeant des cultures potagères qui prospèrent à ses pieds ». La comparaison est juste et jolie.

La tour de l'Est — ainsi l'appellerai-je, en raison de son orientation, pour ne pas abuser du pronom possessif qui passe pour haïssable — la tour de l'Est a conservé à peu près sa hauteur primitive (15 mètres y compris la partie terrassée) et ses parements de grès sont encore solidement liés aux blocages de la maçonnerie. Sa disposition intérieure consiste en une salle haute et une salle basse communiquant entre elles par un escalier de vingt marches et avec le chemin de ronde par un escalier à ciel ouvert d'une quinzaine de degrés.

La salle haute de cinq mètres de diamètre, voûtée en calotte, était pourvue d'une cheminée et percée de trois meurtrières dont deux enfilaient les courtines à gauche et à droite, la troisième, au milieu, surveillant les approches de l'ennemi. Ces meurtrières, pratiqués dans l'épaisseur de la maçonnerie, montrent dans la disposition des claveaux et le mode de voûtage, une science à

(1) Un compte rendu de la gestion des échevins de Chaûry pendant les années 1651 et 1652 indique les sommes dépensées à l'occasion de réparations faites aux tours de la *Ferté* et de la *Gippesière*. A quelle partie de l'enceinte appartenaient ces tours ?.., Nous n'avons pu le savoir.

laquelle nos modernes constructeurs ne peuvent que rendre hommage. Elles ont été toutes trois plus ou moins dénaturées, celle du milieu surtout qui a été convertie en une large baie ornée d'un balcon en fer forgé. Ce poste de soldats devint, dès lors, un *buenretiro* d'où l'on jouissait de la vue sur la campagne.

Au-dessous de cette pièce, règne une salle basse de moindre diamètre, car la muraille renforcée mesure 2^{m}50 d'épaisseur. Elle est voûtée également en colimaçon et percée à droite et à gauche de deux meurtrières modifiées lors de l'emploi des armes à feu, mousquets et coulevrines, et rasant le pied des courtines. Ces meurtrières à ouverture ronde sont largement ébrasées pour donner plus de champ au tir. On peut supposer qu'elles datent de 1520.

Comment déterminer l'âge de la tour ? S'il s'agissait d'un édifice religieux ou civil, le profil des moulures, le style ornemental nous mettraient sur la voie, mais cette construction rudimentaire n'offre aucun détail architectonique qui aide à en préciser l'époque. Tout au plus, peut-on se fonder sur le fruit donné à la partie inférieure du mur pour affirmer qu'elle est postérieure au xie siècle, car presque toujours jusque-là, les tours et remparts, conformes au type romain, montaient perpendiculairement de la base au sommet... Puisque le monument ne nous donne, par lui-même, aucune indication, consultons l'histoire qui nous répondra peut-être...

L'histoire, en effet, nous répond : fin du xiie siècle.

Il ne manque rien à cette description que son auteur, avec l'amabilité qui lui est coutumière, nous a permis de reproduire. Nous l'en remercions bien cordialement.

La tour de Rilly présentait le même aménagement intérieur ; toutefois, il ne semble pas qu'elle ait été l'objet de remaniements en ce qui concerne son système défensif. Extérieurement, elle diffère de la précédente par sa base qui va s'élargissant de manière à former talus ; nous devons en induire que son front était armé de machicoulis ou de hourds.

La tour Jourdain possède encore une salle à belle voûte sphérique pourvue de quatre archières. Près de ces archières, des cases rectangulaires ont été ménagées dans le mur : les soldats y déposaient leur trousse de carreaux. En face de l'entrée de cette salle et débouchant sur le même palier, un étroit couloir, voûté en ogive, courait parallèlement à la courtine et faisait communiquer la tour avec la porte Saint-Pierre. Un escalier, en forme d'S desservait les étages et descendait à une poterne donnant sur l'escarpe du fossé. Ces agencements divers : passages secrets, poternes habilement dissimulées au point de jonction des tours et des courtines, jeu de herses doubles opérant dans le passage des portes à la façon d'une souricière, portes détournées, fausses portes, etc., servaient merveilleusement la défense en se prêtant à des manœuvres qui déconcertaient l'assiégeant et l'obligeaient à changer constamment de tactique.

(Fig. 4.)   MEURTRIÈRE DU XVIᵉ SIÈCLE

Dans la partie haute du rempart, près de la tour Jourdain, s'ouvre une meurtrière du XVIᵉ siècle. Pareille, comme aspect, à un énorme trou de serrure, elle occupe le centre d'une dalle posée au nu extérieur du mur, et se compose, essentiellement, d'un orifice circulaire surmonté d'une mire. *(Fig. 4 et 5.)*

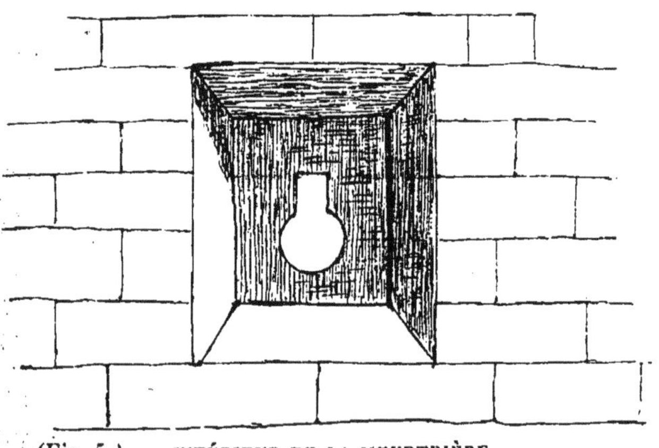

(Fig. 5.)   INTÉRIEUR DE LA MEURTRIÈRE

Trois siècles, pour le moins, séparent cette meurtrière **de** celles qu'on voit encore dans les tours de l'enceinte du château. Pendant cette longue période, ces ouvertures ont été l'objet de perfectionnements dont il n'apparaît point qu'on ait jamais fait les frais à Château-Thierry. De l'archière à simple rainure du XIIe siècle, nous sautons, ici, brusquement, à la meurtrière pour arquebuse du XVIe.

LES PORTES. — Elles étaient au nombre de quatre et se ressemblaient comme sœurs jumelles : au nord-est, *la Porte Saint-Pierre*; au midi, *la Porte Saint-Jacques* ; à l'ouest, *la Porte Saint-Crépin* ; au nord-ouest, *la Porte de Beauvais*. Leur architecture militaire se composait, essentiellement, de deux tours demi-cylindriques reliées entre elles, à la hauteur du premier étage, par un corps de bâtiment sous lequel une voûte en tiers-point abritait un passage clos de herses et de vantaux. Devant chaque porte, un fossé et sur le fossé, un pont-levis. La nuit venue, on baissait les herses, on repliait et barricadait les vantaux, on relevait le pont-levis et Château-Thierry pouvait dormir tranquille. Nulle surprise à redouter. Il n'en était pas de même des faubourgs comme nous l'avons déjà fait remarquer.

La Porte Saint-Pierre (voir fig. 6) est la seule qui ait résisté au temps et aux guerres. Elle faisait partie d'un ensemble d'ouvrages avancés qui protégeaient l'entrée de la forteresse. C'était de ce côté, malgré toutes les précautions prises, que celle-ci présentait, au Moyen-Age, le plus de points faibles. Aussi l'ennemi y portait-il tout son effort. On dut réparer la porte bien des fois, panser ses blessures, relever les courtines qui s'en détachent à droite et à gauche, bref, la remettre en état de résister à de nouveaux assauts.

La façade du bâtiment central s'ornait d'un écusson aux armes des Comtes de Champagne ; le temps en a usé les bords et effacé les figures. Les salles de garde du rez-de-chaussée des tours possédaient de belles voûtes en arcs d'ogive que de regrettables travaux d'aménagement bourgeois ont sacrifié sans pitié. (1)

C'est par la porte Saint-Pierre qu'un jour de l'an de grâce 1429, la vaillante petite bergère de Domrémy, la lance au poing et l'épée de Sainte Catherine de Fierbois au côté, entra dans la ville, et ce, sans coup férir, pour la plus grande joie de son cœur, toujours douloureusement ému

> Quand il fallait, frappant et d'estoc et de taille
> Au prix du sang versé, gagner quelque bataille.

La renommée de sa bravoure, la persuasion où tout le monde se trouvait, après elle, que Dieu lui eût donné l'ordre de marcher contre l'Anglais et de « le bouter hors » de ce pays, le côté surnaturel de sa mission se fortifiant du témoignage irrécusable des faits, tout en elle concourait à frapper de terreur les ennemis de la France. Le seigneur de Châtillon qui s'était emparé, par surprise, de Château-Thierry, huit ans auparavant et le détenait au nom du roi d'Angleterre, n'attendit point que la Pucelle le sommât de se rendre. Dès qu'il apprit que Jeanne et ses hommes d'armes approchaient de nos murs, il fit ouvrir les portes toutes grandes et s'en vint lui-même remettre au roi les clefs de la citadelle.

Jeanne d'Arc revenait de Reims où elle était allée faire sacrer Charles VII. Sa mission, disait-elle, était finie.

Auprès de l'héroïne, ce personnage jouait un rôle un peu falot. Nul doute qu'en passant ici, il n'obtint un simple suc-

(1) Autre trait de vandalisme : il y a quelques années l'administration des P. T. T. cherchait, dans le quartier de la Barre, quelque toit où placer un support de fils téléphoniques ; elle choisit celui de la porte Saint-Pierre. Sur un édifice du Moyen-Age, cet appareil des plus modernes et des plus gracieux produit un merveilleux effet. Félicitons l'administration des P. T. T. du sans-gêne et du goût dont elle a fait preuve en cette circonstance.

cès de curiosité. Mais l'admiration, la reconnaissance qui débordaient de tous les cœurs et de tous les yeux allaient à la libératrice du territoire et c'est uniquement en son honneur, nous aimons du moins à le croire, que notre petite cité retentit ce jour-là, de mille cris d'allégresse.

(Fig. 6)   PORTE SAINT-PIERRE

La porte qui défendait l'entrée de la ville, au midi, occupait l'emplacement des premières maisons de la rue du Pont, On l'appelait *Porte Saint-Jacques*, du nom d'un petit fort que les Comtes de Champagne avaient fait élever dans son voisinage.

A l'époque où le pont fut, *en partie*, reconstruit, sous le règne de François Ier, cette porte qui ne devait différer que par d'insignifiants détails de celle que nous venons de décrire, disparut ; elle fut remplacée par un édifice carré haut d'une douzaine de mètres, non flanqué de tours, percé de meurtrières à ses deux étages, coiffé d'un toit en forme de pyramide et couvert d'ardoises. Le passage de la porte avait 3^m40 de largeur, sur 5^m33 de hauteur. Sur la façade, un écusson aux armes de la ville (1).

Il est permis de croire qu'on profita de l'occasion fournie par ces importants travaux pour établir le long des remparts, devant la Marne, une chaussée de quelques mètres, ce qui diminua d'autant le lit de la rivière et rendit son cours moins dangereux et plus commode aux mariniers dans la traversée de la ville.

Devant la nouvelle porte, on creusa un fossé destiné à recevoir, en temps ordinaire, le tablier d'un pont-levis et à isoler l'ouvrage défensif en cas d'attaque. Au delà, se développaient les neuf arches du pont de Marne ; sur la quatrième pile se dressait une première porte non fortifiée, surmontée d'une tourelle à l'usage du guetteur. Quand Mayenne vint assiéger Château-Thierry, en 1591, son ami et second, le duc de Villeroy fit demander au gouverneur de la ville, le sieur Pinart, la faveur d'un entretien. Villeroy raconte dans ses Mémoires que Pinart accepta de bonne grâce, en souvenir de leurs anciennes relations, et que l'entrevue eût lieu dans une boutique située « entre la porte du pont et celle de la ville ». L'espace compris entre les deux portes était, en effet, garni de maisons. Tous ces détails ont été consignés sur deux plans en élévation dressés, le premier, par le frère Romain, le second, par le sieur Duplessis, ingénieur de cette province. Le plan de l'ingénieur porte la date de 1716 ; nous pensons

---

(1) Ces armes, sculptées en bas-relief, étaient environnées d'une branche de houx et de leur devise favorite : Nul ne s'y frotte.

que celui du frère Romain lui est antérieur de près d'un siècle. Ces deux pièces fort curieuses dont nous donnons plus loin la copie et sur lesquelles nous reviendrons en temps utile, sont conservées aux archives départementales.

* *

Porte Saint-Crépin. — Pour en déterminer la place avec exactitude, il faut se reporter au plan de la ville établi par l'abbé Hébert, en 1801. *(Voir plan n° 2, lettre H.)* On y voit de chaque côté de la Grande-Rue le tracé des anciens remparts : ceux-ci venaient se souder à la porte Saint-Crépin (qui ne figure pas sur le plan — et pour cause) à l'endroit qu'occupent aujourd'hui les maisons portant les numéros 76, 78, à gauche de la chaussée et 77, 79, à droite. Cet ouvrage était muni d'un tablier mobile dont l'extrémité venait se poser, en s'abattant, sur la première pile d'un petit pont de pierre à la tête duquel se dressait une arcade de moindre importance servant de corps de garde.

Nous lisons dans les Mémoires de l'abbé Hébert : « La porte était profonde, un peu obscure, ayant au-devant un petit espace à découvert (1) qui faisait un coude et était fermé d'une première porte. La partie du fond, la plus considérable avait un bâtiment au-dessus et une tour de chaque côté. On entrait sous cette porte, après avoir passé sur un pont appelé le pont Saint-Crépin (2) dont les deux côtés ont été garnis de

---

(1) Cet espace n'était autre qu'une partie du fossé que couvrait le pont-levis. Cette partie fut comblée un peu plus tard, lorsque la porte eût été dépouillée de son appareil de défense rendu inutile par les progrès de l'art militaire.

(2) Quand les fortifications de la ville : fossés, tours, remparts, corps de garde, etc., furent loués aux habitants, ces ouvrages prirent les noms de leurs locataires. Le Pont Saint-Crépin s'appela le Pont Bené et la Porte de Beauvais : Porte Guillot.

maisons et dont il reste des arches enfoncées dans le sol à l'endroit actuellement resserré de ce commencement de rue.

L'abbé Hébert qui termina, en 1801, la première rédaction de ses « Mémoires » a pu voir la porte St-Crépin qui ne fut démolie que quelques années auparavant, au mois d'avril 1794, sur l'ordre du représentant de la Convention à Château-Thierry, le député Roux. Nous devons donc tenir pour exacte la description que cet abbé nous en donne. Depuis longtemps déjà, elle servait de prison : c'était une sorte de petit Clichy ; on n'y enfermait

(Fig. 7.)

PORTE SAINT-CRÉPIN (Façade Ouest)

que les condamnés pour dettes. Toute la partie de la Grande-Rue qui va des Quatre-Vents au carrefour Jean de La Fontaine avait pris le nom de : *La Prison*.

Sur sa façade ouest, on remarquait un grand crucifix en bois peint, très artistement sculpté. En 1793, la Convention envoya dans les villes de province des commissaires chargés de faire disparaître ou de détruire tous les emblèmes qui, sur les édifices publics, rappelaient la Religion et la Royauté. On dit que,

(Fig. 8.) PORTE SAINT-CRÉPIN (Façade Est)

prévenus à temps, les habitants du quartier s'empressèrent d'enlever le crucifix et de le mettre en lieu sûr. Nul ne sait ce qu'il est devenu.

De la porte Saint-Crépin, il nous reste un souvenir : le dessin qu'en fit Lecart d'après un ancien croquis. Il nous la montre sous ses deux aspects. *(Fig. 7 et 8.)* Dans la façade est, on voit, au-dessus de la voûte du passage, une fenêtre fermée d'un fort grillage... apparemment la fenêtre d'une cellule. A la corde qui en descend est suspendu un panier dans lequel la pitié des passants dépose des aumônes en nature destinées à adoucir le sort des prisonniers.

*
* *

Porte de Beauvais. — Enfin la porte de Beauvais qu'on aurait dû appeler la Porte du Parc, dit Thomas Couture (1), puisqu'elle n'avait d'autre utilité que de mettre le parc du château et la Ville en communication, bombait ses tours au pied même des escarpements de la forteresse à laquelle une courtine la rattachait. Elle était, au nord, le dernier des gros anneaux de la chaîne qu'on ouvrait et fermait à volonté pour livrer, en temps de paix et interdire en temps de guerre, l'accès de la cité et nous sommes surpris que l'utilité, voire la nécessité de son rôle aient échappé à notre regretté collègue.

La Porte de Beauvais s'élevait à l'extrémité de la place des Cordeliers et sa façade principale était tournée du côté des Chesneaux. Elle avait cela de particulier et de curieux qu'un jet d'eau, placé au-dessus de sa voûte, jaillissait à la hauteur des tours. On pense que le réservoir du château en alimentait le bassin. Vers la fin du xviiie siècle, certains détails de cette installation étaient encore très nettement visibles. Cette porte fut démolie en 1799.

*
* *

(1) Thomas Couture était membre de la Société Archéologique de Château-Thierry en 1878.

Les murs du bourg étaient, selon toute vraisemblance garnis à leur sommet d'un parapet crénelé auquel, en temps de guerre, on adaptait des galeries de bois, connues sous le nom de hourds; ces galeries furent remplacées au xive siècle par des machicoulis à demeure. Quant aux tours, elles étaient percées de meurtrières à tous leurs étages.

Cette étude donne une idée suffisante de la configuration de l'enceinte fortifiée qui protégeait directement la ville et indirectement le château au Moyen-Age. Jusqu'à l'invention du canon, l'une et l'autre étaient réputés imprenables... et nous le croyons sans peine. Mais on n'exécuta aucun travail pour les mettre en état de résister à la nouvelle artillerie de siège : c'est ce qui fit dire à Villeroy et au sieur de La Noue que Château-Thierry était une des plus mauvaises places du royaume. Certainement, ils exagéraient : les événements ne devaient pas tarder à leur en fournir la preuve.

Nous avons rappelé, un peu plus haut, que Mayenne et son second, Villeroy vinrent mettre le siège devant Château-Thierry en avril 1591. Voici, d'après Villeroy qui laissa de ce siège une relation dont rien ne nous autorise à suspecter la sincérité, comment la défense avait été organisée dans les différents quartiers de la ville par le vicomte de Comblizy « *capitaine et gouverneur pour le roy ès ville et chasteau du dict Chasteau-Thierry* ».

Le vicomte de Comblizy s'était lui-même chargé de défendre toute la partie comprise entre la porte Saint-Pierre et la poterne Saint-Jacques. La porte Saint-Pierre et la basse cour du château qui s'y rattachait (voir *Nos Vieux Murs* : le Château de Thierry) étaient, au dire du sieur de La Noue, les points les plus faibles de la cuirasse. Contre une attaque vigoureusement menée, ils ne devaient pas pouvoir tenir très longtemps.

Les principaux lieutenants du gouverneur étaient les sieurs de Fourchelles, de Lambressy, de Vigneux, de Chaboullé, de Sillery, La Planche, Desmarets et Desgranges.

Le sieur de Fourchelles avait fortement insisté pour qu'on lui donnât le poste d'honneur du quartier des Cordeliers. Le sieur de Lambressy avait la garde de toute la ligne de remparts qui allait de la porte Saint-Crépin à la porte de Marne. De Vigneux et Desmarets se tenaient avec leurs gens entre les deux ponts et la poterne ; de Chaboullé veillait sur le ravellin d'entre deux de la porte de la Prison (1). De Sillery, La Planche et Desgranges avaient le haut commandement, dans le château. La garnison était forte d'environ mille hommes de guerre. Remplis de courage et de bonne volonté les habitants s'étaient offerts d'eux-même à défendre la ville et le gouverneur avait ordonné qu'on armât autant qu'on pourrait.

Le siège dura seize jours pendant lesquels l'ennemi usa et et épuisa ses munitions en pure perte. Il fut tiré contre la ville et le château 500 coups de canon et plus qui ne réussirent qu'à entamer les murs en deux endroits ; près de la tour de Mme de Lhuis, brèche qui fut incontinent réparée dit Villeroy et en la tour et rempart derrière le couvent des Cordeliers.

Le vicomte de Comblizy envoya aussitôt au sieur de Fourchelles vingt cuirassiers, un nombre égal d'arquebusiers, le plus ancien et le meilleur canonnier de la place et « *force artifices de feu pour jecter dans la bresche si l'ennemy s'y présentait pour venir à l'assault.* » En même temps il faisait recommander à son lieutenant de bien veiller et de tenir ferme jusqu'à ce que la brèche ait été entièrement réparée. De Fourchelles prétendit agir à sa guise ; ne croyant pas qu'un assaut fut possible, la nuit arrivant, il s'en alla bien tranquillement dîner. A peine avait-il tourné les talons que le poste, à son tour, abandonnait la place. Des soldats ennemis envoyés en reconnaissance s'approchèrent de la brèche et la voyant dégarnie firent signe à leurs camarades. Quelques instants après, la Ville était prise. Restait le château où s'étaient réfu-

(1) Porte Saint-Crépin.

giés hommes, femmes et enfants en proie à une indicible terreur, les troupes du duc de Mayenne ayant mis la ville à feu et à sang. Aucun secours ne lui venant du dehors, le gouverneur vit bien que la situation était irrémédiablement perdue et ne s'obstina point plus longtemps dans une résistance inutile. Il capitula.

Il n'en est pas moins vrai que si cette faute, qui ressemble fort à une trahison, n'avait pas été commise, Mayenne et Villeroy — ce dernier en fait l'aveu — ne seraient pas restés deux jours de plus sous les murs de Château-Thierry.

CHAPITRE III

LE BOURG *(suite)*

LES RUES. — Entre le Château et la Marne, l'emplacement pour la construction de la ville nouvelle était des plus restreints. Chacun s'en accommoda, comme il pût, tirant tout le parti et le meilleur possible d'une situation que rien ne permettait de modifier. Les nobles en prirent assez largement pour leurs aises, les bourgeois et manants, un peu juste, pour leurs besoins. De là, ces maisons spacieuses dans lesquelles l'air et la lumière entrent à flots et ces logis étriqués, tout en hauteur et profondeur, serrés jusqu'à l'étouffement les uns contre les autres.

Cet aspect de la ville ancienne, la ville moderne le rend d'ailleurs assez bien. Depuis le XVe siècle, aucun changement notable ne s'est produit dans les dispositions particulières de l'ensemble. Chaque fois que, par raison de vétusté ou d'incendie, il s'agissait de reconstruire, on ne sortait pas du cadre primitivement adopté.

La ville ainsi bâtie reçut le nom de BOURG. Elle était coupée, dans sa largeur, en deux parties presque égales, par une voie étroite et longue qui, partant, à l'est, de la Porte Saint-Pierre, allait rejoindre, au nord, la Porte de Beauvais, décrivant ainsi autour de la forteresse une ligne sensiblement parallèle à ses remparts. Un court branchement la reliait, à l'ouest, à la porte Saint-Crépin. Elle ne portait pas le même nom sur toute l'étendue de son parcours. A l'est, elle s'appelait *rue du Château,* au midi, *Grande Rue,* et à l'ouest, en remontant vers le nord, *rue de Beauvais.*

La rue du Château ou du *Chastel* possédait un collège et un hôpital. Le collège avait été fondé à la fin du XIIIe siècle, vers 1280, par Blanche d'Artois, après qu'elle eût convolé en secondes noces avec le duc de Lancastre, frère du roi d'Angleterre, Edouard Ier.

Quant à l'hôpital, c'est au début du XIVe siècle, en 1304, que Jeanne de Navarre, fille de Blanche d'Artois et de Henri le Gros, premier mari de Blanche, et épouse de Philippe le Bel, en dota notre ville. La charte de fondation, écrite en latin, est la pièce la plus précieuse des archives de l'Hôtel-Dieu.

Le collège à la tête duquel il n'y avait eu que des religieux jusqu'en 1768, les seules personnes, d'ailleurs, capables au Moyen-âge de former et d'instruire la jeunesse, fut fermé au début de la Révolution... En 1799, la direction en fut confiée à un laïc, le citoyen Charles, Guillaume Levoirier, élevé par le Conseil général de la Commune à la dignité d'*Instituteur national,* lequel demanda à tenir les classes dans sa maison, « les locaux de la rue du Château ayant servi depuis trois ans, faisait-il observer dans sa supplique, de maison d'arrêt et de correction, comme aussi d'hôpital pour les soldats malades ». Ce qui lui fut accordé. L'année suivante, le 27 brumaire an III (17 nov. 1794), une loi de la Convention nationale créait les Ecoles primaires.

Toute la partie des bâtiments de l'Hôtel-Dieu où se trouvaient les salles affectées aux malades fut démolie en 1876 pour être aussitôt reconstruite dans de meilleures conditions d'hygiène et selon le confort moderne. Seuls les bâtiments occupés par la communauté des Dames religieuses de Saint-Augustin furent conservés. Quant à la chapelle, à défaut d'une date certaine, nous dirons que son style la classe parmi les monuments de la fin du XVIIe siècle. De l'ancien sanctuaire qu'elle remplaça, il ne reste, comme souvenir architectural, que d'informes substructions.

Pendant la Révolution, la rue du Château devint, pour un temps très court, la rue de *la Montagne*. (Délibération du Conseil municipal en date du 10 décembre 1793.)

De 1816 à 1831, la Grande Rue s'appela rue d'Angoulême.

Au retour d'un voyage qu'il fit en Alsace, le duc d'Angou-

(*Fig. 9.*)   RUINES DE L'ÉGLISE DES CORDELIERS

lême, fils de ce comte d'Artois qui devait régner sous le nom de Charles X, s'arrêta à Château-Thierry. Flatté de l'accueil enthousiaste qu'il reçut de la population, il autorisa la ville à substituer le nom d'Angoulême à celui de l'une de ses rues. Ce fut à la Grande Rue que cet honneur échut.

Cependant, Charles X avait succédé à Louis XVIII. Plus

autoritaire que politique, obéissant aux suggestions des ultra-royalistes, il commit la faute grave de signer les fameuses ordonnances du ministère Polignac. La Révolution éclata en juillet 1830 Le roi et le dauphin furent contraints d'abdiquer.

L'année suivante, le Conseil municipal de Château-Thierry décida que la rue d'Angoulême reprendrait son ancien nom. *Sic transit gloria... ducum !*

Vers la fin du xv siècle, la rue de Beauvais troqua son nom contre celui des *Cordeliers.* En 1789, l'administration du District s'étant emparé, pour y installer ses services et y loger son personnel, du couvent des Religieux de Saint-François, on l'appela rue du *District,* mais cette dénomination n'eut point un caractère officiel. Enfin, pour honorer la mémoire de l'illustre poète qui naquit dans la maison voisine de l'église du Couvent des moines franciscains *(voir fig. 9),* le Conseil de la commune (1) lui donna le nom de *rue Jean de La Fontaine.* Elle n'en changera plus, espérons-le.

* *

En se dirigeant de l'est à l'ouest, on trouvait, à gauche, deux petites rues qui venaient puiser ou se déverser dans la grande artère.

La première menait directement au pont jeté sur la rivière, d'où son nom de *rue du Pont.*

---

(1) Délibération du 12 juin 1792. — Ce jourd'hui, le Conseil général de la commune assemblé, ouy le procureur de la Commune, arrête que pour effacer un nom inusité, en rendant hommage à la mémoire d'un grand homme qui a honoré sa patrie et son siècle et sera cher à la postérité, que la rue qui porte actuellement le nom de rue des Cordeliers sera appelée désormais la rue Jean de La Fontaine qui y avait son habitation, que la présente délibération sera lue, publiée et affichée dans toutes les places et carrefours de cette ville et que expédition en sera envoyée au Directoire du District. (Archives municipales.)

La seconde tirait le sien de moulins très anciennement construits à l'une de ses extrémités, sur le bord de la Marne, non loin de la tour Bannière (1). Les moulins disparurent, dit-on (2), lorsque Thibaud fortifia la ville, mais le nom resta à la rue jusqu'au jour où l'administration de la Grande-Gabelle, sous le règne du roi Jean, vint y installer ses bureaux et aménager ses greniers. La *rue des Moulins* devint alors la *rue du Grenier à Sel*. Aujourd'hui et depuis quelque quarante ans, elle s'appelle *rue Lefèvre-Maugras*, nom de l'un des bienfaiteurs de la ville et du canton, fondateur d'un prix de 2.500 francs destiné à récompenser le mérite chez un ouvrier des champs ou de l'usine.

Entre la rue du Pont et la rue des Moulins, existait autrefois la *cour de Lange* ou de *L'Ange* (*voir plan n° 3*) (on rencontre ces deux orthographes dans les manuscrits et sur les anciens plans de la ville), où l'on pénétrait de la Grande Rue par deux étroits couloirs ménagés sous le premier étage d'une maison qui « *debvait double passage* » depuis un temps très reculé. La cour de Lange était fermée, au midi, par les remparts de la ville et la *Tour de la Prison*. Tout auprès de cette tour, s'élevait un bâtiment de sévère apparence dans lequel, si nous en croyons l'abbé Hébert, le Présidial aurait tenu ses séances pendant un certain temps (3).

(1) Il y avait, proche le pont de Château-Thierry, des moulins à blé d'un revenu considérable et une pescherie appelée pescherie du grand-pertuis. (Archives nationales. — Evaluation de Château-Thierry, P. 1754.)

(2) Ce qui n'est pas exact, car le document précité ajoute que les moulins en question ont été ruinés par les grandes eaux, vers 1560.

(3) On sait que les présidiaux ont été créés par Henri II dans le but de remédier aux nombreux inconvénients que renfermait le système d'appel pratiqué dans l'ancienne France. Trente-et-un bailliages et sénéchaussées dont Château-Thierry furent désignés pour avoir un Présidial, c'est-à-dire un tribunal jugeant en dernier ressort toutes les causes dont le fond n'excédait pas la valeur de 250 livres tournois ou 10 livres tournois de rente.

Voici ce qui le lui fit croire : Sur les murs de l'une des salles de cette maison, on pouvait remarquer encore, quelques années avant la Révolutïon, certaines peintures et devises se rapportant à la Justice... entre autres des fleurs de lis encadrant cette inscription : Justicia et Pax. Au fond de la salle s'ouvrait sur une pièce plus petite une porte qu'on avait coutume de désigner sous le nom de Porte de l'Interrogatoire. Ces souvenirs ne tardèrent pas à disparaître avec l'immeuble qui les renfermait, lequel avait fait partie, dit-on, des biens que les Templiers possédaient à Château-Thierry aux xiiie et xive siècles.

Mais ces chevaliers avaient peut-être aussi leur justice particulière, au temps de leur splendeur. Cet ordre un peu mystérieux devait redouter tout esclandre et ne se point soucier de laisser à d'autres le soin de trancher les différends qui survenaient entre ses membres. Ainsi s'expliquerait la présence, dans la salle en question, des emblèmes relevés par l'abbé Hébert.

Pour notre part, nous avons, à mainte reprise, rencontré dans nos archives municipales l'affirmation absolue que « *de temps immémorial — nous citons textuellement — les six juridictions qui existaient à Château-Thierry, Prévôté, Bailliage, Présidial, Grenier à sel, Election, Maîtrise des eaux et forêts, siégeaient en la pièce basse de la Maison commune, distribuée convenablement pour les juges, commissaires, greffiers, huissiers de service.*

Jusqu'à preuve du contraire, on nous permettra de nous en tenir à cette constatation.

L'ensemble de la cour de Lange, dit encore l'abbé Hébert, présentait autrefois l'image d'une forteresse... Rien d'étonnant à ce qu'elle eut cet aspect si, réellement, les Templiers en étaient les propriétaires. On sait que les membres de cet ordre à la fois guerrier et religieux fortifiaient volontiers leurs habitations.

Dans les premièrse années du xixe siècle, les habitants de la Grande Rue avaient lieu de se plaindre du voisinage de cette

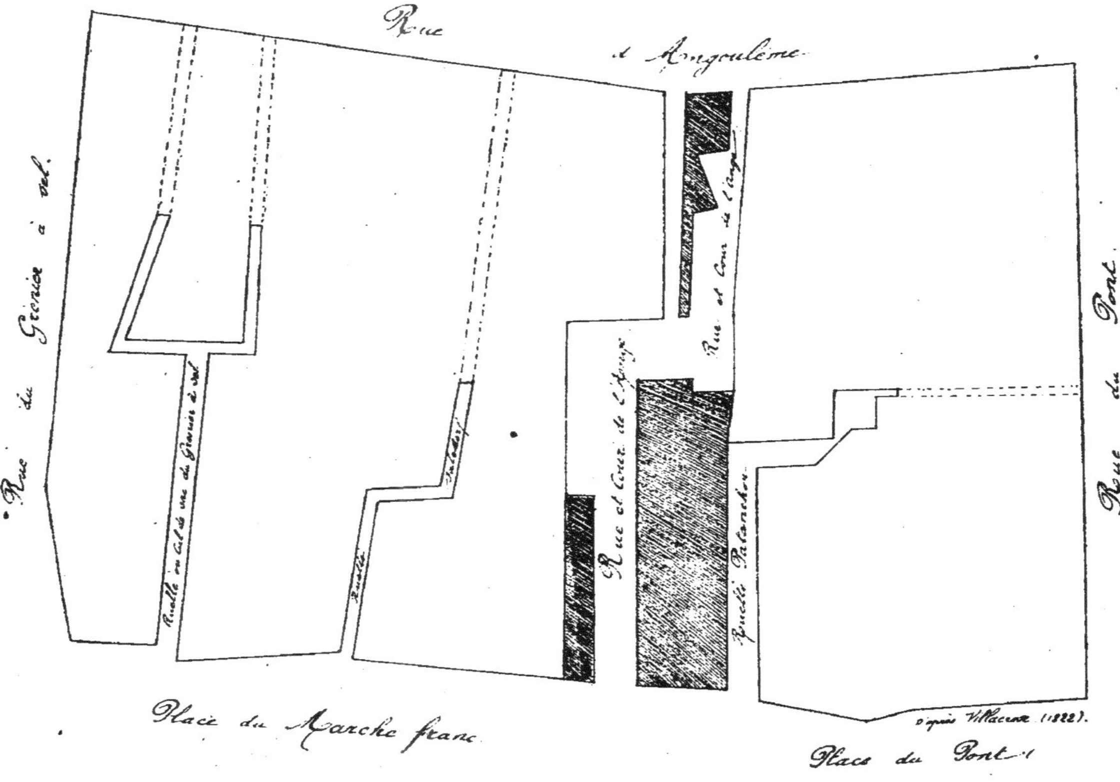

(Plan nº 3.) LA COUR DE LANGE

cour qui répandait dans le quartier les plus détestables odeurs
et qui, la nuit venue, servait de refuge aux pires garnements
de la ville. En voici une courte et suggestive description faite
par un membre de l'assemblée municipale :

Les deux passages qui donnent accès à la cour de Lange sont si
bas qu'un cavalier ne peut les franchir sans se coucher sur sa
monture. Toujours encombrés d'ordures et d'immondices, ils
répandent dans le quartier une odeur infecte.

Le soir, débauchés, ivrognes et voleurs s'y réfugient et ces
couloirs deviennent dangereux.

Quand à la cour elle-même, c'est un vrai cloaque ; un égoût la
traverse. Humide et malsain. en toute saison, le rez-de-chaussée
des quelques vieilles masures qui s'y trouvent a été, depuis longtemps, abandonné, et pour monter au premier étage encore
habitable, les propriétaires ont du faire construire des escaliers
extérieurs, ce qui n'est pas pour embellir la cour et y faciliter la
circulation...

Bref ! l'accord s'étant fait, en 1828, entre la Ville et les
propriétaires raisonnablement indemnisés, la cour de Lange
fut assez rapidement transformée en une voie spacieuse et
saine à laquelle on donna le nom de *rue Neuve*. Ce furent
malheureusement les grès des murs d'enceinte du château
qui firent les frais de son pavage. *Rue Neuve* n'est qu'un nom
d'attente ; l'occasion se présenta de lui octroyer celui d'un de
nos concitoyens qui légua une partie de ses biens à la commune. Voilà pourquoi elle porte, de nos jours, le nom de *rue
Drugeon-Lecart*.

* * *

A l'intersection de la rue du Pont.et de la voie principale
du Bourg, il y avait une sorte de carrefour, qu'on appela :
le Beau-Richard, vers la fin du XIVᵉ siècle...

Le Beau Richard, ou Richard Fier-d'Épée, remplissait la
charge, toute pacifique, de clerc juré de la Prévôté de Château-Thierry. Le surnom de Fier-d'Epée nous autorise à

croire qu'il avait passé plusieurs années de sa vie dans les camps et s'y était fait une réputation d'homme loyal et brave.

Marié et sans enfant, Richard résolut de consacrer son patrimoine et une partie de l'avoir de sa femme à l'édification d'une chapelle. L'emplacement choisi par lui fut un carrefour situé à l'une des extrémités de la rue du Pont dans laquelle il possédait plusieurs immeubles. La mort le surprit avant que le monument fut achevé. Sa femme, Jeanne d'Hocourt, termina l'œuvre entreprise, dirigeant elle-même les travaux, veillant à ce que tout fut exécuté conformément à la volonté du défunt.

En moins de quatre ans, la chapelle fut construite et on y transporta, de l'église Saint-Crépin où ils avaient été provisoirement inhumés, les restes ne son pieux fondateur. Dédiée à la Vierge, on l'appela : Notre-Dame du Bourg, et la petite place qui lui servit de parvis prit le nom de carrefour du Beau-Richard. En 1792, Notre-Dame du Bourg fut vendue comme bien national et adjugée au citoyen Louis-Joseph Gilbert, marchand chapelier de son état, qui « s'empressa de l'abattre et de faire construire, à sa place, une maison pour se loger », ainsi qu'il est dit dans un acte notarié du 1er mai 1794, dont nos archives municipales conservent une copie.

Une niche en pierre encastrée dans la façade de la maison de la rue du Pont, qui porte aujourd'hui le n° 6, évoque, seule, le souvenir de cet édifice religieux (1).

Le carrefour du Beau-Richard était, autrefois, le rendez-vous de toutes les mauvaises langues du pays. Le soir, pendant la belle saison, des gens venaient s'asseoir sur les marches de la chapelle et y tenaient, si j'ose dire, bureau de médisances et de calomnies. Cette petite foire aux potins était très courue des oisifs qui, le lendemain, s'en allaient, par la ville, colportant avec joie toute nouvelle scandaleuse, vraie

---

(1) Cette maison, de même que plusieurs immeubles voisins, ont été détruits par les bombardements, vers la fin de la guerre mondiale, en juillet 1918.

ou fausse. La population sensée et laborieuse n'y prêtait guère attention et avait pris l'habitude de qualifier de « propos du Beau-Richard » toute hâblerie et tout mensonge.

Un auteur dramatique du xviiie siècle, originaire de Château-Thierry, Letellier, poète à ses heures, flagella ce détestable esprit. Il eut toutefois le grand tort de loger tous ses concitoyens à la même enseigne :

> De là naît la médisance,
> Les sots contes, les brocards
> Et toute l'extravagance
> De tes citoyens bavards.

La Fontaine prit la chose moins au tragique, comme, du reste, il fallait la prendre ; il se contenta de rimer une petite comédie-ballet fort spirituelle sur les « Rieurs du Beau-Richard » et la fit jouer, chez lui, par plusieurs de ses amis. Il tint, lui-même, le rôle du prologue.

Nous serions impardonnables de quitter la rue du Pont sans mentionner l'un des rares monuments de l'art gothique que possède encore Château-Thierry : la tour Balhan (*voir fig. 10*). Bâtie vers la fin du xve siècle, elle servit longtemps de beffroy, grâce à la cloche qu'y fit suspendre en 1520, sous son campanile, un maître du Grenier à sel : Jehan de Balehan. C'est une tour carrée, flanquée à l'est de deux tourelles et surmontée d'une flèche octogonale que couronne une lanterne à jour. A l'intérieur, les vestiges d'un bijou de chapelle, où l'on disait encore la messe au xviie siècle.

De la rue du Pont, on arrivait par la rue *Saint-Jacques*,

(2) Au xviie siècle, on voyait encore, à l'angle de la rue du Pont et de la rue Saint-Jacques, une très vieille chapelle dédiée à ce saint d'où, d'ailleurs, le nom de la rue et de la place à laquelle cette rue aboutissait). Faute de fonds pour la reconstruire, car on ne pouvait songer à la réparer, vu l'état lamentable où l'avaient amenée les ans et le manque d'entretien, elle fut vendue, terrain et bâtiments compris, par ordre de l'évêque de Soissons, le 20 janvier 1772. Ce fut un boulanger du nom de

autrefois rue *des Prés,* puis rue *de la Paix,* pendant la Terreur et, aujourd'hui, rue *Lewis* (1), à un carrefour nommé place *Saint-Jacques,* devant le fossé ou *ah ! ah !* qui défendait l'unique poterne des remparts de la cité (2).

* *

A droite de l'artère principale, vis-à-vis de la rue du Pont, l'étroite rue du *Crochet* ou des *Crochets* qui, plus tard, changea son nom contre celui de rue *de la Halle,* menait au grand escalier du chemin de ronde de la forteresse. Les moines de Val-Secret possédaient une maison dans cette rue : *l'hôtel de la Pie* où ils se réfugiaient, en temps de guerre, quand leur abbaye etait menacée.

Enfin, toujours à droite, en montant la Grande Rue, on trouvait la rue de la Loy, toute entière habitée par des Juifs. (La loi peut être ici une allusion à la loi de Moïse.) On la transforma, au début du xixe siècle, en rue de *l'Alouette.*

Hugo, dans son roman de *Notre-Dame de Paris,* nous dit comment se produisent ces déformations.

Au-dessus de la cellule d'une recluse, cellule dont la fenêtre s'ouvrait sur la place de la Grève, ces deux mots latins avaient été gravés dans la pierre : *Tu ora.* Toi, prie, pieuse exhorta-

Claude Gérardot qui en fit l'acquisition, moyennant la somme de 20 livres de surcent payable, tous les ans, à la fabrique de l'Eglise Saint-Crépin, le 1er février et ce, toujours et sans espérance de rachat. Le sieur Gérardot était, en outre, tenu de faire construire une maison logeable à suffisance sur l'emplacement de la chapelle, de l'entretenir à toujours, en bon état, afin que le surcent puisse être perçu facilement sur la dite maison, etc. (Archives de M. Moussé.)

L'immeuble appartenant, aujourd'hui, à M. Pin, tapissier, marque l'emplacement de la chapelle Saint-Jacques.

(1) Ce Lewis a légué une partie de sa fortune à la ville.

tion adressée au passant à se recueillir un moment et à dire une prière pour l'être humain qui, par désespoir ou en expiation de quelque faute, s'était emmuré vivant dans cette sinistre geôle. Au Moyen-âge, ces cas de réclusion volontaire étaient assez fréquents dans les grandes villes.

Le bon peuple de Paris qui ne sait pas le latin et ne s'en soucie guère mais possède, en revanche, un admirable esprit d'à-propos, avait traduit « *Tu ora* » par « *Trou aux rats* », et cette pittoresque interprétation s'appliquait on ne peut mieux à cette cave humide et malsaine où devait grouiller toute une population de rongeurs.

Ici, la déformation que nous signalons a une autre cause ; elle provient d'une prononciation défectueuse. On disait : rue de la Loué et on a fini par dire : *rue de l'Alouette*. Ce n'est plus, aujourd'hui, qu'une impasse à laquelle on a donné, récemment, le nom d'un médecin dont la science égalait le dévouement, le docteur Gustave Lefèvre.

Jetons, en passant, un coup d'œil sur le n° 55 de la Grande Rue. Là s'élevait, encore vers la fin du xviiie siècle, une ancienne hôtellerie dont le renom s'étendait au loin, grâce aux mirifiques recettes culinaires que les vatels de l'endroit se transmettaient de père en fils et grâce aussi à une certaine eau ferrugineuse bicarbonatée qui jaillissait, en abondance, dans sa cour.

C'est au comte et à la comtesse de Beau-Soleil, tous deux sourciers émérites — ne me faites pas dire sorciers, bien qu'à cette époque on dut les considérer comme tels — que revient la gloire, si gloire il y a, d'avoir découvert, en 1632, à l'aide d'un instrument de leur invention, les propriétés curatives de cette eau.

L'hôtellerie *de la Fleur de Lis* — telle était l'enseigne de la maison — leur dut de voir affluer chez elle, pendant l'été, les malades de marque de Paris et d'autres lieux. La Révolution porta un coup funeste à sa prospérité ; la fontaine ne fit plus ses frais et le propriétaire se résigna à en fermer les robinets.

(*Fig. 10.*)   TOUR BALHAN

De nos jours, la source devint, pendant quelques années, l'objet d'une exploitation régulière. Mais ceux qui en firent le commerce jugèrent à propos de la débaptiser. La Fleur de Lis ! ce nom, qui rappelle un peu trop l'ancien régime, sonnait mal à des oreilles républicaines. Ils lui donnèrent le nom de fontaine du Mont-Martel, Charles Martel qui, au VIIIe siècle, possédait palais et métairie sur la montagne des Chesneaux où l'on croit que cette eau prend sa source, n'ayant pas connu les honneurs du pavois et s'étant contenté prudemment du rôle plus modeste de maire du Palais. On pouvait donc, sans heurter les intransigeances, étiqueter les bouteilles à son nom... ce qui leur donnait, en même temps, un petit cachet historique fort recommandable.

...C'est dans l'une des salles du premier étage de cette hôtellerie appelée : *Chambre de Saint-Louis* que notre « basoche *royalle* » avait coutume, au Moyen-Age, de tenir ses séances.

. . . .

Tel était, au XIVe siècle, avec les passages dont nous parlerons plus loin, le réseau très simple des rues du Bourg et aussi très suffisant pour la commodité et la rapidité des relations entre les différents quartiers. A part quelques retouches et quelques heureuses modifications, comme les agrandissements successifs de la place de l'Hôtel de Ville, du percement de la rue Vallée et la suppression de la cour de Lange, nous pouvons dire que l'ensemble est resté le même.

Quant aux communications de la ville avec ses faubourgs, elles étaient tout aussi faciles. Par les portes Saint-Pierre, Saint-Crépin et Beauvais, on avait l'accès des faubourgs de la Barre, de Saint-Martin et des Chesneaux. Le pont reliait le faubourg d'Oultre-Marne au Bourg, et par la petite porte Saint-Jacques, on se rendait au quai de la Poterne, aux Grands et Petits Prés et aux Garats.

LES PLACES. — Outre les carrefours Saint-Jacques, du Beau-Richard, de la porte Saint-Crépin, qu'on appela plus tard carrefour *de la Prison*, puis carrefour *des Singes* (1), il y avait, à l'extrémité de la rue de Beauvais, entre le château et le chemin de ronde des murs de la ville, une belle et vaste place dont nous avons déjà fait mention, et qui porta successivement les noms de *place de Beauvais, place des Cordeliers* et *place du Peuple*.

Pendant la Révolution, la place du Peuple devint une sorte de petit forum où s'escrimaient volontiers... de la langue les plus fougueux partisans des idées nouvelles. A de certains jours, les habitants de Château-Thierry et de ses environs s'y pressaient autour d'une estrade ornée d'emblèmes républicains. Des orateurs appartenant à la *Société populaire* et aux petits clubs terroristes de la ville haranguaient la foule du ton mélodramatique et avec l'emphase de langage qui, à cette époque, paraissent avoir été le dernier cri de l'éloquence tribunitienne. Devant eux, sur une table couverte d'une étoffe rouge, plastronnaient les bustes des Jacobins les plus marquants : Marat, Robespierre, Saint-Just, Hébert, l'illustre père Duchesne, etc... celui de La Fontaine — pauvre cher grand poète ! — s'était fourvoyé dans cette redoutable compagnie ; on le présentait comme le précurseur des autres, comme un bon bougre, lui aussi, qui avait vu clair, dénoncé et flétri, comme il convient, sans se soucier de ce qui pouvait en résulter de fâcheux pour sa personne, les abus du despotisme. La foule, convaincue, applaudissait.

Le plus violent de tous ces orateurs improvisés était, naturellement, un ancien clerc paroissial, maître d'écriture, que le club révolutionnaire de Château-Thierry avait mis à sa tête. Il se nommait Sébastien, Hubert, Thiébaut. Il avait en

---

(1) Les joueurs d'orgue de barbarie, les montreurs d'ours et de singes s'y arrêtaient très souvent.

horreur les prêtres et les nobles et sa haine l'aveugla au point de lui faire commettre une action que je préfère laisser à d'autres le soin de qualifier.

Un jour du mois d'octobre 1793 — on était alors en pleine Terreur -- Thiébaut que ses relations avec plusieurs membres de la Convention amenait assez souvent à Paris, rencontra, dans un restaurant du Palais-Royal, un ancien curé de Saint-Crépin, l'abbé Thirial. Il savait que ce prêtre avait refusé de prêter le serment de fidélité à la Constitution. Contraint d'abandonner ses fonctions sacerdotales, l'abbé Thirial n'en restait pas moins exposé à la vindicte des terroristes de Château-Thierry; aussi s'était-il réfugié à Versailles où il exerçait la médecine.

Venu lui aussi, le même jour, à Paris, pour y faire quelques emplettes et se rendre compte de la gravité des événements, sa mauvaise étoile le jeta dans la gueule du loup. Thiébaut, cependant, s'était avancé la main tendue et la mine souriante. Notre curé, sans défiance, se montra touché de ces marques extérieures de sympathie et tout de suite s'enquit du sort de ses anciens paroissiens.

Thiébaut était accompagné de deux membres du District de Château-Thierry, Lemaistre et Gaudart (1) que l'abbé Thirial connaissait pour les ennuis qu'ils lui avaient, à mainte reprise, suscités. Mais il pensait que leur animosité s'était éteinte et la conversation s'engagea. Thiébaut et Gaudart s'absentèrent sous le prétexte d'une commission à faire dans le quartier, laissant l'abbé en tête à tête avec leur compagnon. Ils revinrent quelques instants après, suivis d'une garde civique qui, sur la dénonciation de ces tristes sires, arrêta le prêtre insermenté et le livra au Comité de sûreté générale de la Convention.

(1) Tous deux étaient originaires de Montmirail. Lemaîstre fut nommé greffier du Tribunal de Château-Thierry en 1801 et Gaudart juge de paix à Viels-Maisons. Nous ignorons ce que devint Thiébaut. On passait l'éponge sur le passé. N'avons-nous pas eu, un peu plus tard, la surprise plutôt pénible de voir Louis XVIII signer au contrat de mariage de Fouché, l'organisateur des massacres de Lyon ?

L'abbé Thirial resta, pendant de longs mois, enfermé à la Conciergerie ; on l'en tira, un jour, pour le conduire devant le Tribunal révolutionnaire qui le condamna à mort. Il monta sur l'échafaud, le 4 juin 1794.

« Après avoir lu, écrit le docteur Corlieu, l'interrogatoire de l'abbé Thirial, je cherche en vain les motifs sérieux d'une condamnation et je ne vois en lui qu'une des victimes innocentes fournies par le clergé de notre département. »

. . . .

La place du Peuple s'appelle aujourd'hui place Jean Macé (1).

*
* *

LA PLACE DU MARCHÉ. — LES AUDITOIRES. — LA MAISON COMMUNE. — LES HALLES. —

Le moment est venu de rappeler que Thibaut III, dit le Posthume et le Chansonnier, avait, en 1231, accordé le droit de commune *aux manants et habitants de la ville et chastellenie de Château-Thierry*, droit qui leur fut reconnu et confirmé plus tard par le roi Philippe le Bel. Il importe, toutefois, de faire connaître l'opinion de l'historien Melleville qui diffère assez sensiblement de celle-ci :

Selon quelques écrivains, dit-il, Thibaut IV, comte de Champagne et de Brie (ici, Melleville se trompe, c'est Thibaut III qui gouvernait la ville à cette époque) aurait doté Château-Thierry d'une charte communale, en 1231. Il est probable que c'est là une erreur. Ce seigneur ne remit, sans doute, aux habitants que quelques redevances et charges féodales, sans les retirer de la servitude, car près de cent ans plus tard, quand le roi leur accorda une véritable charte de commune, ils étaient encore assujétis au fors-mariage et

(1) Publiciste français, fondateur de la Ligue de l'Enseignement. Né à Paris en 1815, mort à Monthiers (Aisne) en 1894.

autres choses serviles qui furent abolies par cette dernière charte.
Peut-être doit-on trouver la cause de cette erreur dans l'autorisation
accordée vers ce temps par Thibaut IV aux habitants de Château-
Thierry de léguer leur robe et leur lit ainsi que le tiers de leur
mobilier aux deux communautés religieuses et à la léproserie alors
existant dans cette ville.

La tradition veut que ce soit dans une maison de la rue du
Crochet qu'aient été installés les sièges de l'administration
communale et de la Prévôté. On désigna cette maison sous
le nom de *Maison de l'audience.* Comme les services de l'une
et de l'autre institution s'y trouvaient logés trop à l'étroit, on
se mit en quête d'un immeuble plus vaste, susceptible de tous
aménagements désirables. Une occasion s'offrit.

Parmi les Juifs qui, au Moyen-âge, exerçaient ici, avec
l'assentiment et sous le contrôle de l'autorité seigneuriale,
leur commerce aussi lucratif que varié, il y en avait un —
l'histoire ne le nomme pas — qui, plus fortuné que ses
coréligionnaires, jouissait de faveurs spéciales. Le *Riche Juif,*
puisqu'il faut l'appeler par son surnom, habitait, dans le
voisinage de la rue du Crochet, une belle et grande maison
où l'on faisait de « bonnes petites affaires » et où tous les
israélites de Château-Thierry s'assemblaient pour dire des
prières. C'était à la fois une maison de banque et une
synagogue.

Notre homme profita de ce qu'il était bien en cour pour
commettre les pires exactions. Sans doute se croyait-il sûr
de l'impunité. Les plaintes, cependant, affluèrent et la justice
seigneuriale décida, après examen, de traduire à sa barre le
féroce usurier. « Convaincu de rapines et de violences envers
ses débiteurs, dit l'abbé Hébert, elle le condamna au bannis-
sement et ses biens furent confisqués ».

Avec l'autorisation de Thibaut, la ville acheta la maison
du Riche-Juif pour en faire le lieu habituel de réunion des
eschevins et des juges. Mais les juridictions se multiplièrent
et, avec elles, les maisons *de plaictz.*

Signalons l'existence, au xv⁰ siècle, de deux auditoires, l'un situé devant l'église Saint-Crespin, proche la halle au blé, et l'autre attenant à l'*hôtel de la Cloche*, au pied des murs de l'enceinte méridionale du château. Il y avait aussi une maison de l'audience aux Chesneaux.

Prévôts et baillis ne pouvaient plus, comme autrefois, forcer la porte de telle ou telle maison particulière et s'installer dans une chambre d'ycelle pour tenir audience. Ce qu'on appelait : *les séances ambulantes* (1) n'avaient plus leur raison d'être, puisque des locaux avaient été spécialement affectés à l'administration judiciaire.

Or, à l'époque où Authoine, dit le Grand Bastard de Bourgogne (2), reçut de Louis XI le comté de Château-Thierry en apanage (3), les habitants de la ville se plaignaient et moult se lamentaient que l'un des auditoires et la halle au blé fussent situés en dehors des fortifications du bourg, dans un lieu — le faubourg Saint-Martin — dépourvu de défenses, où l'on courait, à s'y rendre, en temps de guerre, grand risque d'être tué ou fait prisonnier. Second et non moins légitime grief contre l'administration des eschevins : l'endroit réservé au marché était aussi dangereux qu'incommode.

Jadis, ce marché se tenait au carrefour de la Croix Vuide-Bourse, mais depuis 1421, année au cours de laquelle Château-Thierry tomba au pouvoir des Anglais, il avait été transporté dans la Grande Rue, entre la fontaine du bourg

---

(1) C'était à peu près l'époque où Saint Louis rendait la justice sous un chêne de la forêt de Vincennes. « Un auvent sur la place publique, le cloître d'un cimetière, souvent aussi la salle d'un cabaret borgne, étaient des points de rencontre le plus habituellement choisis pour la solution des procès, dit M. M. Henriet dans son intéressante étude sur *les auditoires et la conservation des archives de Château-Thierry dans l'ancien droit.*

(2) Fils naturel de Philippe le Bon et de Jeanne de Presles.

(3) Lettres de Louis XI portant que, en récompense des importants services que lui a rendus Anthoine, bastard de Bourgogne, comte de la Roche en Ardennes et de Guise, il lui donne les comtés, villes, châteaux de Grand-Pré, Sainte-Menehould, Vassy, Passavant, Château-Thierry et Châtillon-sur-Marne pour ce jouir sous le titre de comte de Sainte-Menehould (Arras, juillet 1478, Archives nationales).

(au bas de la rue du Crochet) et la boucherie de la ville, au
coin de la rue de la Loy. La Grande Rue était alors — ce que
d'ailleurs elle n'a jamais cessé d'être — un étroit couloir que
traversaient au moyen âge, à défaut d'autre chemin, les
charrettes des paysans, leurs chevaux et leurs bœufs. Aussi,
les accidents étaient-ils fréquents.

En signe de « joyeux avènement », Anthoine de Bourgogne
résolut de remédier à d'aussi graves inconvénients et de
donner pleine satisfaction aux habitants de sa bonne ville.
A cet effet, il acheta l'hôtel de la Cloche (1) avec toutes ses
dépendances, ainsi que la petite maison de l'Auditoire, sa
voisine, fit raser le tout, paver la place que la démolition de
ces immeubles rendait vacante, construire une halle au blé,
ou autres grains et estables marchandises, enfin, édifier une
une grande et belle fontaine en remplacement de la fontaine
du bourg.

Emus d'une telle libéralité et naturellement désireux de
s'en assurer à perpétuité la possession, nos aïeux supplièrent
Charles VIII qui venait de succéder à Louis XI de confirmer
et ratifier, par une charte en bonne et due forme (2), la donation de leur généreux seigneur. Le roi y consentit ; il autorisa
même les suppliants à faire bâtir une maison commune dans
laquelle ET NON AILLEURS il entendait que dorénavant se
tiendraient les *plaiclz et juridiclions* de Château-Thierry.

Telle est l'origine de notre place du Marché (*voir fig. n° 4*).

*
* *

Jusqu'à la Révolution, il ne semble pas que les magistrats
des diverses juridictions aient quitté la maison commune

(1) Situé au pied des murs du château, vis-à-vis de la rue du Pont.
(2) Signée à Ambroise, par Charles VIII, cette charte est du mois de
septembre 1493. M. le docteur Corlieu la découvrit, en 1888, aux Archives
nationales.

dont ils occupaient tout le rez-de-chaussée et plusieurs pièces du premier étage.

Mais en 1791, le corps municipal ayant pris plus d'importance qu'il n'en avait eu jusque là, résolut de s'adjuger

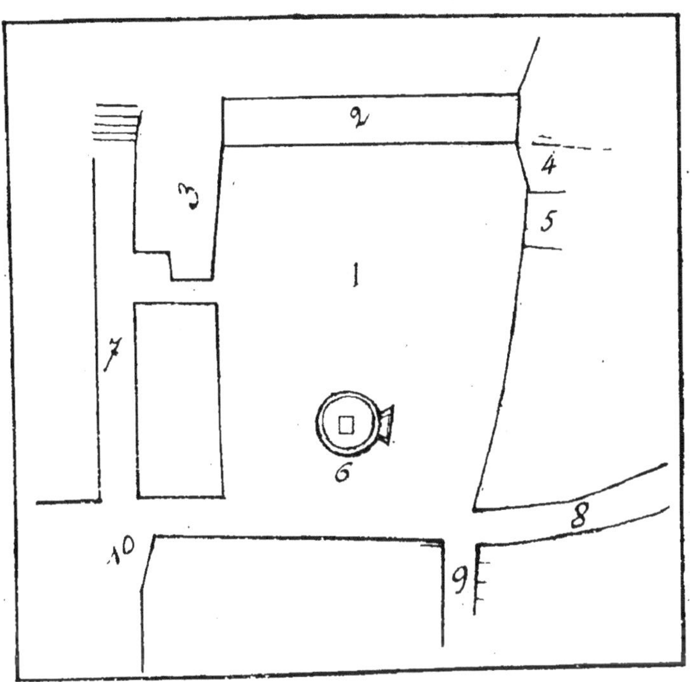

(Fig. 4.)   PLAN DE LA PLACE DU MARCHÉ
d'après VILLACROSE, *au commencement du* XIXᵉ *siècle*

1 Place du Marché.	*6 Fontaine.*
2 Hallle aux Viandes.	*7 Rue de la Halle.*
3 Halle aux Grains.	*8 Rue du Château.*
4 Tribunal.	*9 Rue et Cour Roger.*
5 Mairie.	*10 Le Beau-Richard.*

l'immeuble tout entier « à peine suffisant, disait-il, pour le bon fonctionnement des services de l'administration urbaine. D'accord avec le District, il relégua donc les juges au couvent des ci-devant Cordeliers.

Ils s'y transportèrent d'assez mauvaise grâce et sous la réserve formelle des droits qu'ils prétendaient avoir tant sur la maison appelée Hôtel-de-Ville que sur les meubles qui s'y trouvaient. Adam, Pierre Pinterel, Jacques, Henri Castelnault, et Louis, François Masson, juges, rédigèrent une sorte de protestation. D'après eux, ce n'était pas à la commune, mais au Gouvernement, au Roi qu'appartenait en toute propriété l'édifice où l'auditoire avait, jusqu'ici, tenu ses séances. Les anciennes juridictions en avaient eu la jouissance bien longtemps avant la ville, puisque ce n'est que vers 1766 que celle-ci fut dotée d'une municipalité. Autre argument : sur les croisées de la salle d'audience figuraient les armes de France, franches. Si la ville avait eu des droits sur une partie quelconque de l'immeuble, elle n'eut point manqué d'y faire placer les siennes.

La première séance du tribunal aux Cordeliers eut lieu le 13 mars 1792. Elle ne fut point suivie de beaucoup d'autres, car les anciennes justices ayant été supprimées, l'année suivante, on confia au peuple le soin d'élire ses magistrats. Le peuple ne se pressa point : à partir de la fin de l'an II jusqu'à l'an VIII, nous pouvons affirmer qu'il n'y eut ici ni gendarmes pour arrêter les chenapans ni juges pour appliquer les peines par eux encourues. Ce dût être l'âge d'or du brigandage.

Voici ce que nous lisons dans un rapport du maire au Conseil municipal le 15 pluviôse an IX :

Le Gouvernement consulaire, en vous rendant *l'avantage dont vous avez été si longtemps privé*, a rétabli, dans cette commune et pour l'arrondissement, un tribunal de justice qui tient ses séances dans une maison appartenant à la commune, dépendant de son hôtel et de tout temps destinée à l'usage des juridictions. Mais le nouvel ordre établi pour la procédure et pour l'instruction des procès criminels à l'effet d'amener *au jugement par jury*, exigeant aujourd'hui un local plus étendu, les magistrats près ce tribunal ont témoigné le désir d'obtenir quelques appartements de plus pour joindre à ceux qu'ils avaient précédemment.

Ainsi les juges avaient repris possession de l'ancien auditoire, bien que le maire, M. Houdet, eût fait tout son possible pour les envoyer, de nouveau, aux Cordeliers. Cette fois, les magistrats résistèrent et eurent gain de cause. Des pétitions se couvrirent de signatures ; les habitants de Château-Thierry protestaient à leur tour, au nom des intérêts de la commune, observant que :

... le local du Couvent est situé près les remparts, que la rue qui y mène est un véritable cul-de-sac, que les cinq pièces qui entourent le cloître exigent de grosses et coûteuses réparations et qu'il n'existe, au premier étage, que des petites cellules fort incommodes — que tous les marchands et artisans sont dans les deux principales rues : Grande Rue et rue du Pont qui conduisent à l'ancien auditoire, place du Marché — que plus de cent communes ressortissent au tribunal de Château-Thierry ; ceux qui s'y rendront soit pour charger défenseurs, soit pour paraître à l'audience, en profiteront pour amener grains et comestibles et vivifieront le commerce de la ville ; ils s'y prêteront d'autant plus volontiers qu'ils trouveront et l'auditoire et la halle et le marché pour ainsi dire réunis et par là seront toujours au centre de leurs affaires. Tandis que dans la rue en cul-de-sac des Cordeliers, il n'y a aucune boutique ni auberge... etc., etc. » Le morceau se termine par cette phrase lapidaire : Ce serait détourner un fleuve qui porte la fertilité et l'abondance pour le faire passer dans des sables et dans des roches...

Arrêtons ici nos citations. Le maire fit contre mauvaise fortune bon cœur et, s'empressant de répondre au désir des magistrats, loua dans la maison voisine, pour le compte du département, trois pièces qui furent aussitôt converties, l'une, en chambre du Conseil, l'autre en chambre d'instruction, et la troisième, en dépôt pour le greffe.

En 1810, autre encombrement : le juge de paix vint siéger à l'Hôtel de ville. La commune acheta alors au sieur Nicaise, médecin à Meaux, dans des conditions plutôt avantageuses, une maison tenant, du côté nord à la Mairie et, par ses jardins en terrasses, au chemin de ronde du Château. Dire que nos magistrats trouvèrent à s'y installer confortablement serait exagéré, mais, pour la première fois, depuis un nombre assez respectable de siècles, ils étaient chez eux... enfin, seuls !

Quelque trente ans plus tard, ils adressèrent au Préfet une pétition pour l'obtention d'un nouveau local, celui qui les abritait ne se tenant encore debout que par un prodige d'équilibre. Leur demande fut bien accueillie et on éleva, à l'extrémité du Champ-de-Mars, en bordure de la route de Soissons, un monument suffisamment grand pour répondre à tous les besoins d'un tribunal de première instance. Au fronton, fut gravée dans la pierre l'inscription suivante :

CE MONUMENT

A ÉTÉ CONSTRUIT PAR LES SOINS DU CONSEIL GÉNÉRAL

COMMENCÉ SOUS L'ADMINISTRATION DE M. PAULZE D'IVOY

ET TERMINÉ SOUS CELLE DE M. DE CRÈVECŒUR

ANNÉE MDCCCXXXXIII

L'architecture de ce palais — puisque palais il y a — fut l'objet de sévères mais justes critiques. Un journal local s'exprimait en ces termes :

Elevé sur une place destinée aux marchés-francs et aux foires, on dirait, à le voir, avec ses croisées basses et étroites, plutôt un grenier d'abondance qu'un palais de justice (1).

Il n'y a pas bien longtemps, les jugements aux attendus

---

(1) Et pourtant il porte la signature d'un architecte de talent, Van Cléemputt, lequel était sorti en 1816 de l'Ecole des Beaux-Arts avec le premier grand prix. Il est à présumer que jugeant le travail de minime importance, il aura chargé l'un de ses moins bons élèves d'en dresser les plans et devis. Les travaux de construction furent adjugés à M. Villacrose fils, entrepreneur de bâtiments à Meaux.

La Chaussée pavée qui, sur la place du Champ-de-Mars, mène à cet édifice, a été construite en 1846. L'année suivante, on entoura le palais d'une grille.

Le jeudi 6 juin 1844, eut lieu la première audience du tribunal civil dans le nouveau local.

pleins d'inattendu du président Magnaud, surnommé « le bon Juge », lui valurent une heure d'étourdissante mais éphémère célébrité !

(*Fig. 11.*) ANCIEN HOTEL DE VILLE

Quant à notre vieille maison commune (*fig. 11*), qu'une délibération du Conseil municipal du 8 thermidor an VIII affirme bien à tort *être connue d'ancienneté* sous le nom de Maison du Riche-Juif — l'auteur de cette rédaction ignorait,

à n'en pas douter, la charte de Charles VIII — elle disparut
à son tour en 1892 et, quelques années après, un théâtre fut
construit sur son emplacement : l'annexe qui sert de remise
à ses décors et leurs accessoires occupe celui de l'ancien
tribunal.

* *
*

Au commencement du XIXe siècle, la halle au blé de la rue
du Crochet se mourait de vieillesse. Il eût coûté plus cher à
la ville de la réparer et de l'agrandir, comme ses représentants en manifestaient l'intention, que d'en construire une
autre. Ceux-ci finirent par le comprendre.

Les souvenirs laissés par la Basoche traînent un peu
partout dans Château-Thierry. L'un d'eux s'attache à cette
halle où avant la Révolution, tout le blé qu'on y vendait, du
lendemain de l'Epiphanie au Mardi-Gras, était frappé, par
« *chacun sac* », d'une redevance de cinq sols au profit de
notre cléricature. Le fermier qui en refusait le paiement —
le cas se présenta quelquefois — se voyait aussitôt dépouillé
d'une partie de ses vêtements. Portés et déposés chez le bailli,
ils ne lui étaient restitués qu'après versement de la somme
due aux clercs de la ville, ainsi que du montant de l'amende
que le juge ne manquait pas de lui infliger. Il fallait bien que
tout le monde y trouvât son compte. Si aucune difficulté ne
surgissait, le clerc chargé de la perception du droit remettait
au vendeur cinq dragées en guise de quittance. De nos jours,
les fermiers ne s'embarrasseraient point pour si peu ; ils
majoreraient le prix de leur marchandise de cinq, voire de
dix sols au détriment du consommateur et tout serait dit.
C'est, si je ne me trompe, ce que nos hommes politiques
appellent, fort élégamment d'ailleurs : l'incidence de l'impôt.

Mais revenons à la halle. En 1810, nos édiles conçurent le
projet d'un établissement plus vaste, mieux aménagé et plus
décoratif, lequel devait se dresser au fond de la place contre

le mur de soutènement de la première escarpe du château.
Ils décidèrent, en même temps, que l'ancienne halle serait
convertie en salle de spectacle. Cette seconde partie du projet
ne fut point exécutée, l'entrepreneur n'ayant pas voulu prendre à sa charge — condition imposée par le Conseil municipal
— l'exploitation pendant trente ans d'un théâtre dont les
bénéfices lui semblaient plus que problématiques. Quant à la
nouvelle halle, destinée, ainsi que l'annonçait l'affiche d'adjudication des travaux, à la vente des grains et de la viande, ce
n'est qu'en 1839 qu'elle s'érigea enfin sur le terrain choisi.
Elle eut une existence beaucoup moins longue que la précédente. Dès 1893, elle avait cédé la place au nouvel hôtel de
ville de Château-Thierry *(voir fig. 12)*, édifice quelconque,
assez lourd d'aspect, tout en corridors et en escaliers à l'intérieur, surmonté d'un campanile qui en est le digne couron-
nement. Ce fut M. Raymond Poincaré, alors ministre de
l'Instruction publique, qui nous fit l'honneur, par une après-
midi ensoleillée de fête Jean de La Fontaine, de présid r la
cérémonie officielle d'inauguration.

En 1831, M. de Villacrose, avocat et conseiller municipal (1)
proposa l'agrandissement de la place du Marché. Pour atteindre ce but, il suffisait de jeter bas les neuf vieilles maisons
qui séparaient la rue de la Halle de la dite place : ce qui fut
fait en 1833. Le projet comportait, en outre, le déplacement
de la fontaine, laquelle, par un singulier caprice des eschevins, avait, depuis Anthoine de Bourgogne, occupé tantôt un
point, tantôt un autre du marché. Depuis 83 ans, elle n'a pas
bougé de l'endroit où nous la voyons aujourd'hui ; espérons

---

(1) Il avait un frère qui était architecte. Celui-ci avait été chargé de
lever un plan de la Ville, quartier par quartier. Nous avons eu souvent
recours à ce plan conservé à la Mairie.

qu'elle est arrivée au terme de son voyage. Jadis, la colonne qui émerge de son bassin supportait une croix d'un assez joli travail : nos révolutionnaires n'épargnèrent pas « ce détestable emblême de la superstition », ils brisèrent la croix et la remplacèrent par une boule, symbole de la rondeur de leurs procédés.

L'entrée du Marché, près du carrefour du Beau-Richard, était si étroite que les voitures attelées de chevaux ne pouvai-nt, sans qu'il y eut encombrement et danger pour les piétons, pénétrer dans la place. Ce grave inconvénient avait eu pour résultat la désertion des fermiers et maraîchers des pays voisins et Château-Thierry dont la population avait presque doublé depuis un siècle — nous sommes en 1860 — souffrait dans son approvisionnement. Il fallait y remédier au plus vite. La municipalité résolut donc de faire exécuter un plan d'alignement de la ville, approuvé par une ordonnance royale du 16 janvier 1846. Avec l'agrément de l'autorité préfectorale, le Maire, M. de Gerbrois, traita à l'amiable de l'acquisition par la commune de plusieurs maisons de la rue du Pont dont la démolition, soit totale, soit partielle, était nécessaire à l'élargissement de la voie publique. Commencés en 1862, ces travaux furent menés de front et très activement avec ceux du percement de la rue Vallée (1) à travers la cour Roger et le cul-de-sac du Haha où l'on sacrifia, sans regret, quelques méchantes bicoques chancelant sous le poids des ans (*voir plan n° 5*). Dès lors, la place eut deux voies de dégagement suffisamment larges et on la vit bientôt se couvrir, aux jours fixés pour la vente, de marchands et de marchandises. Tout le monde y trouva son profit...

La place du Marché était, autrefois, le lieu habituel d'exécution des sentences rendues par le bailliage criminel de la ville.

Nous avons sous les yeux le procès-verbal de l'une de ces

---

(1) Vallée fut le premier de ceux qui firent un legs à la ville.

(Fig. 12.)   NOUVEL HOTEL DE VILLE

exécutions rédigé par le premier huissier audiencier de la Juridiction du Grenier à sel, Anthoine, Pierre Desforges. Il porte la date du 30 janvier 1789.

Un sieur Courmont, Joseph, avait été condamné aux verges et à trois ans de galères pour détournements au préjudice de la caisse du Grenier à sel.

Tiré de la prison royale (La Charité, très probablement) à l'heure de midi, escorté de trois gendarmes à cheval et des huissiers requis, tenu par la poigne solide de l'exécuteur, il fut conduit vers les carrefours indiqués par la sentence pour y recevoir les verges... et en dernier lieu amené sur la place du Marché où le bourreau, à l'aide d'un fer rougi au feu, lui imprima sur l'épaule mise à nu les trois lettres infamantes : G.A.L. qui sont, à n'en pas douter, les trois premières du mot Galérien.

Lorsque le couperet de Guillotin eut remplacé la hache du bourreau, ce fut au bout du faubourg de Marne, sur la place de la Demi-Lune, que se firent les exécutions. Disons, à l'éloge des mœurs de notre petite cité, qu'en l'espace de cent trente ans, on ne vit se dresser qu'une seule fois, sur cette place, la sinistre machine.

* * *

RUELLES ET PASSAGES. — Le Château, comme nous l'avons montré dans un précédent ouvrage (1), était protégé au midi par cinq enceintes de murs soutenant, les unes au-dessus des autres, des terrasses aux plateformes desquelles on accédait par des escaliers placés de distance en distance et fermés de portes. De ces escaliers il subsiste un peu partout, rue du Château, Grande Rue et rue Jean de La Fontaine, des vestiges suffisants pour faciliter leur repérage ; nous avons, d'autre part, constaté qu'à ces escaliers

---

(1) **Nos vieux Murs. Le Château de Thierry.**

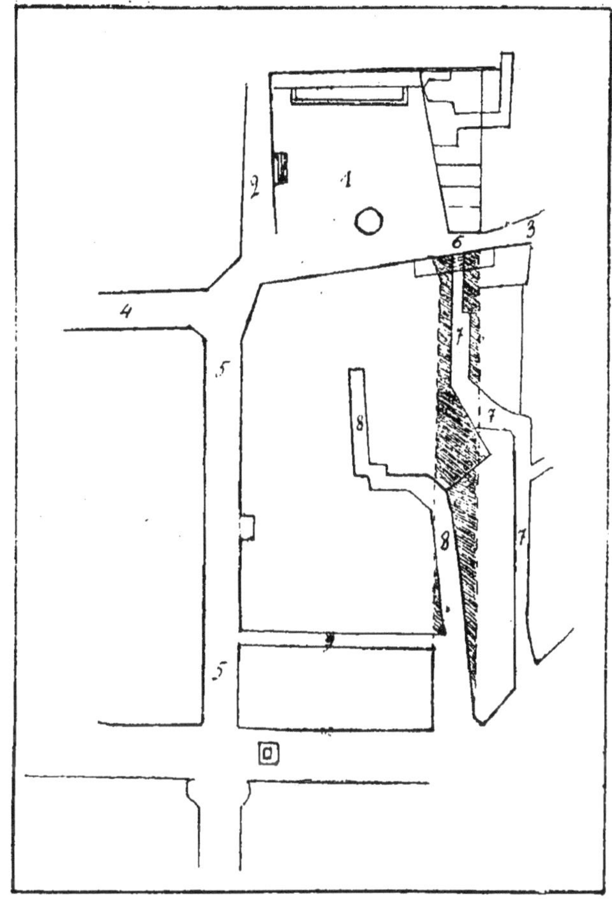

(Plan nᵒ 5.)   OUVERTURE DE LA RUE VALLÉE

28 Août 1862. *(Archives municipales.)*

(Les lignes pointillées indiquent le tracé de la nouvelle rue et les rayures les immeubles, maisons ou jardins soumis à l'expropriation.)

1 Place du Marché.	*6 Passage couvert.*
2 Rue de la Halle.	*7 Ruelle de la Cour Roger.*
3 Rue du Château.	*8 Impasse du Ha ha, ou*
4 Grande Rue.	*ah ! ah !*
5 Rue du Pont.	*6 Rue Saint-Jacques.*

correspondaient, de l'autre côté de la rue à laquelle ils venaient aboutir, des ruelles en nombre au moins égal.

Ces ruelles qui, depuis bien longtemps déjà ne sont plus que des tronçons de ruelles ou des culs-de-sac, par suite de l'acquisition d'une ou plusieurs parcelles de leur terrain par les propriétaires des immeubles qui les bordent, faisaient, à n'en pas douter, partie intégrante du système défensif de la place. Elles reliaient le chemin de ronde de la forteresse au chemin de ronde des fortifications de la ville et permettaient aux défenseurs du premier de se porter rapidement pour le renforcer sur le point des remparts extérieurs le plus menacé par l'ennemi. Au cas où la ville venait à être prise, ses habitants pouvaient, grâce à ces ruelles et escaliers, gagner, de toutes parts, le château et y pénétrer par ses poternes (1).

Comme les rues, elles avaient, chacune, un nom.

C'étaient, rue du Château, la *ruelle du Cadran*, ainsi appelée parce qu'elle longeait une maison qui se prévalait de cette enseigne ; la *ruelle* ou *petite rue de Büe*, vieux mot français dérivé du verbe *buer* qui signifie : Faire la lessive. Il y avait en effet et il y a encore dans la rue de Büe un petit lavoir public qui, de tout temps, fut très fréquenté par les ménagères du quartier, à cause de la bonne qualité de son eau.

La rue de Büe tournait brusquement à droite et allait rejoindre la *cour Gallet.* Toute cette partie de la ruelle et le chemin de ronde des remparts ont été acquis par les Hospices pour l'agrandissement de leur jardin.

(1) Et aussi par les souterrains. Dans son histoire de Provins, ville qui a appartenu aux comtes de Champagne et a été organisée par eux, au point de vue de la défense, d'après les plans et les méthodes adoptés pour Château-Thierry, « chaque maison, dans la ville haute, est composée, dit Félix Bourquelot, de deux parties : la partie supérieure la plupart du temps en bois et mal construite, la partie inférieure, vaste salle voûtée, soutenue par des piliers élégants et souvent présentant une issue d'où l'on passe comme d'un vestibule dans des galeries qui se prolongent à de grandes distances, se croisent et vont aboutir, s'il faut en croire la tradition, à un centre commun, sous la place du Chatel ». Histoire de France, page 256.

Nous avons eu l'occasion de signaler l'existence de plusieurs galeries souterraines dans la rue du Château.

Dans le bas de la rue du Château, s'ouvraient les passages de la *cour Gallet* et de la *cour Roger*.

La *ruelle Patanchon* coupait d'un zig-zag tout un pâté de maisons entre la rue du Pont et la cour de Lange (*plan n° 3*). Venaient ensuite la *ruelle Sale-Serf* ou *Sale-Vilain* (dénomination très ancienne), la *ruelle des Moulins* — plus tard impasse du Grenier à sel — qui, sur le plan de Villacrose, a l'aspect d'une fourche à deux dents (*plan n° 3*), enfin, entre la rue des Moulins et le carrefour de la Prison, la *ruelle de la Lanterne,* plus anciennement *ruelle de la Potote,* du nom d'une fontaine qui coulait dans son voisinage (1). Ses eaux alimentaient une tannerie de la Grande Rue.

Rue de Beauvais, deux passages débouchant sur le chemin de ronde de la ville sont signalés dans un *État des Fortifications établi sur l'ordre du Roy, le 26 septembre 1695, par les maire, échevin et officiers de Chaùry* (2).

Le chemin de ronde des dites fortifications avait environ trois mètres de large. En creusant assez profondément le sol d'un jardin situé à l'angle du Champ-de-Mars et de la rue Lefèvre-Maugras, des terrassiers en ont mis à jour, tout récemment, une partie, large d'environ quatre mètres, recouverte d'un pavage fort ancien.

Le chemin de ronde faisait, naturellement, le tour de la Cité, séparant les habitations des murs de défense. On avait donné, autrefois, le nom de *Maisons de derrière les murs* aux habitations situées entre la cour de Lange et la rue des Moulins, ce qui nous fait croire que, partout ailleurs, le chemin de ronde ne côtoyait que des jardins.

---

(1) Potote vient, sans doute, du verbe latin Potare qui signifie : boire.

(2) A la rue des dits pères Cordeliers, joignant les bastiments des Cordeliers, est une maison appartenant à M. Cuvron, receveur des tailles où il y a une galerie qui aboutit aux remparts de la ville où il y a un passage pour s'en seruir en cas de besoin y ayant une petite tour derier en ruyne. (Maison Jean de La Fontaine.)

(Ensuite de la cour Buisson sont les cours et jardin de la veuve Regnaut et de M. Berthaut et autres aboutissans au rempart y ayant une ruelle entre deux qui conduit jusques à la prison.)

Entre la porte Saint-Crépin et la porte de Beauvais, ce chemin prenait le nom de *ruelle des Etuves*. Apparemment, il y avait là un établissement de bains. Quand les jardins de plusieurs propriétés de la rue des Cordeliers s'étendirent jusqu'aux remparts, la ruelle des Etuves fut, en grande partie, supprimée. Il n'en resta, près de la porte Saint-Crépin, qu'une impasse de 25 à 30 mètres qu'on appela : le *cul-de-sac de la Boucherie*.

Dans le Bourg, les familles nobles avaient élu domicile rue du Château. « Elle devint le centre du monde officiel. Le voisinage de la résidence seigneuriale avait attiré, comme papillons à la lumière, gens de cour, de robe et d'épée » (1). Aussi, est-ce seulement dans cette rue que, sous forme de motifs de sculpture décorant, encore par endroits, les façades et les toits des plus vieilles maisons, on retrouve quelques traces de l'ancien luxe aristocratique. Ici, c'est une lucarne avec galerie en bois sculpté et ajouré, là des macarons figurant des têtes de lions alternés avec des têtes d'anges, plus loin, dans une cour, un assez remarquable escalier à balustres de la Renaissance, etc., etc.

La Bourgeoisie et — à partir de la Révolution — les fonctionnaires de tout ordre, avaient accaparé la rue de Beauvais, dont mon vénérable et éminent collègue de la Société archéologique, M. Frédéric Henriet, vient d'écrire l'histoire.

Les industriels, les marchands et les ouvriers s'étaient installés et logés, tant bien que mal, dans la Grande Rue, la rue du Pont et les faubourgs.

---

(1) Frédéric Henriet : *La rue du Château.*

Ce fut au xviie siècle que l'ancienne forteresse de Thiéry et la petite ville bâtie à ses pieds virent la pioche attaquer, pour la première fois, leurs remparts et leurs tours. Toutes deux avaient cessé, depuis bon nombre d'années déjà, de jouer un rôle militaire important. Sans souci de la valeur historique de leurs vieilles murailles, M. Lebureau — qui survit, dans son intégrité intellectuelle, à tous les régimes — en ordonna la démolition. L'ère des exécutions partielles commença et se poursuivit jusqu'au milieu du xixe siècle; on procéda par coupes, on ne jeta pas le tout par terre en une seule fois; il en reste même encore... rien que pour nous faire regretter ce qui a disparu. Ce vandalisme qui nous prive, aujourd'hui, d'un Carcassonne en réduction, s'expliquerait, à défaut de toute autre justification, s'il s'était agi pour le bourg d'un agrandissement possible. Mais resserré entre le château et la rivière, il avait acquis, dès le xiiie siècle, son maximum d'extension. A quoi bon, alors, le dépouiller de son cachet moyenâgeux et lui enlever tout son pittoresque ?

Ce que nous tentons de faire, aujourd'hui, pour lui, est vraiment bien peu de chose à côté de ce qu'il eût été si simple de ne pas faire, Qu'il n'en soit plus question, tous regrets sont vains !

NOMS ACTUELS	NOMS ANCIENS
1 Rue du Château.	*Rue du Château. (Rue de la Montagne, 1793).*
2 Grande-Rue.	*Grande-Rue. (Rue d'Angoulême de 1816 à 1831.*
3 Rue Jean de la Fontaine.	*Rue de Beauvais. Rue des Cordeliers. (Rue du District, 1790-91).*
4 Rue du Pont.	*Rue du Pont.*
5 Rue Lewis.	*Rue des Prés. Rue Saint Jacques (Rue de la Paix, 1793).*
6 Rue Drugeon-Lecart.	*Cour de Lange. Rue Neuve.*
7 Rue Lefèvre-Maugras.	*Rue des Moulins. Rue du Grenier à Sel.*
8 Rue du Crochet ou des Crochets (disparue).	*Rue de la Halle.*
9 Place de l'Hôtel-de-Ville.	*Place du Marché.*
10 Carrefour J. de La Fontaine.	*Rue de la Prison. Carrefour des Singes.*
11 Place Jean-Macé.	*Place des Cordeliers (Place du Peuple, 1793).*
12 Rue Vallée (extrémité).	*Carrefour ou place Saint-Jacques.*
13 Rue du Pont (extrémité).	*Carrefour du Beau Richard.*
14 Chemin de ronde du Château.	*Chemin du Comte de Saint-Pol. La place.*
15 (N'existe plus).	*Ruelle du Cadran.*
16 Rue de Büe.	*Rue de Büe.*

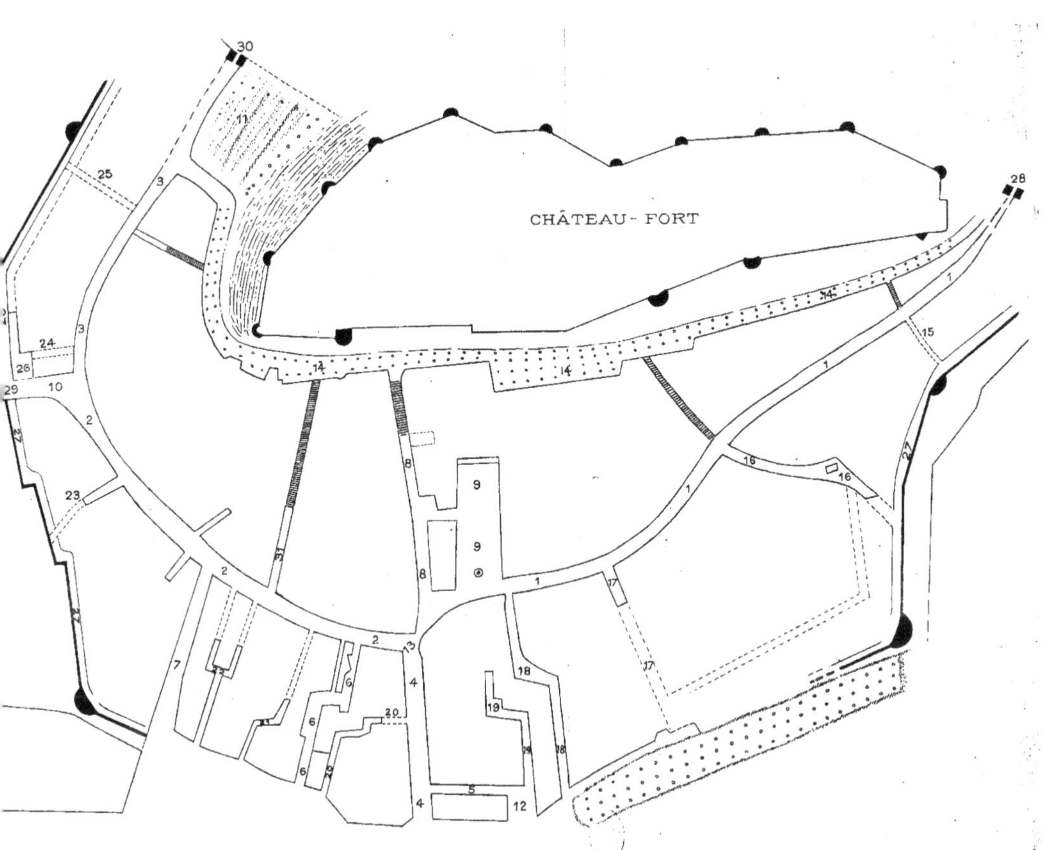

CHÂTEAU-THIERRY *(Le Plan du Bourg, du XVᵉ siècle à la Révolution)*

NOMS ACTUELS	MOMS ANCIENS
17 Impasse.	*Ruelle et cour Gallet.*
18 | Rue de la Cour-Roger.	*Ruelle et cour Roger.*
19 \{ Rue Vallée. Impasse.	*Cul de sac du Ha ! Ha !*
20 Passage supprimé.	*Ruelle Patanchon.*
21 Impasse.	*Ruelle Sale-Vilain ou Sale-Serf. Impasse Salency.*
22 Impasse.	*Ruelle des Moulins. Ruelle du Grenier à Sel.*
23 Impasse de la Lanterne.	*Ruelle de la Potole.*
24-25 Passages supprimés.	. . . .
26 Impasse.	*Ruelle des Étuves. Cul de sac de la Boucherie.*
27	*Chemin de ronde des fortifications de la ville.*
28 Porte Saint-Pierre.	*Porte Saint-Pierre.*
29 Emplacement de porte.	*Porte Saint-Crépin* (démolie en 1794).
30 Emplacement de porte.	*Porte de Beauvais* (démolie en 1799)
31 Rue du Docteur Gustave Lefèvre.	*Rue de la Loy.*
	Tours et Remparts (Fin du XIIe siècle).

CHAPITRE IV

LES FAUBOURGS

A l'ouest, au nord et à l'est, la ville était séparée de ses faubourgs par des terrains vagues formant une sorte de zone militaire. Au midi, la rivière baignait le pied de ses remparts et il suffisait, pour interrompre toutes communications avec le faubourg d'oultre-Marne, de lever les ponts-levis de la porte du Pont et de la porte Saint-Jacques. C'était alors l'isolement complet, d'ailleurs nécessité par les besoins de la défense de la ville et du Château.

* *

FAUBOURG D'OULTRE-MARNE. — Des quatre faubourgs de la ville : Saint-Martin (Les Chesneaux en faisaient partie), la Barre, la Poterne et le faubourg d'Oultre-Marne, ce dernier seul avait été fortifié. Il était loin, alors, d'avoir l'importance ou, si vous aimez mieux, l'étendue qu'il a aujourd'hui. Il n'était, à vrai dire, qu'une tête de pont, sorte de demy-lune, d'ouvrage militaire avancé (1). On l'avait

---

(1) Beaucoup de faubourgs, comme à Coulommiers, à Crécy et dans plusieurs autres villes de la Brie, n'étaient que des enceintes suffisantes seulement pour la garantie d'un coup de main, pour arrêter les bandes indisciplinées qui attaquaient, au Moyen-âge, les villages et les villes ouvertes.

entouré de murs au bas desquels les eaux de la **Marne** alimentaient un fossé qui ne devait être ni très large ni très profond. On appelait ce fossé *le fossé Malingre.*

Certains auteurs prétendent que ce fossé n'avait été creusé que pour remplacer le brasset qui traversait le bourg au XIIe siècle et que Thibaud le Grand avait fait combler. Ce seigneur avait, dit-on, rétabli sur la rive gauche de la Marne ce qu'il avait supprimé sur la rive droite, afin de protéger la ville contre les inondations. Aussi bien doit-on convenir que le moyen employé était vraiment trop faible pour donner un résultat satisfaisant. Une autre version — et celle-ci nous paraît plus acceptable — veut que le fossé Malingre, dont l'escarpe était couronné de murailles, ait répondu à un besoin de la défense de cette tête de pont destinée à arrêter quelque temps l'ennemi pour permettre aux défenseurs de la ville et du Château de prendre leurs dispositions, en cas d'attaque imprévue. Rien de plus conforme aux traditions militaires de l'époque.

D'après les anciens plans de la ville, le fossé Malingre partait du *quai des Filoirs,* traversait, sous deux arches, la chaussée Brunehaut, devant la porte du faubourg, et regagnait la rivière à l'extrémité du *quai du Bas-Village,* au lieu dit : *Le Gravier.* Topographiquement, il en reste un souvenir dans la partie gauche du faubourg : *la rue du Fossé Malingre,* dont le tracé ne diffère sur certains points de celui du fossé que par suite des empiètements ou accroissements des propriétés riveraines.

Les fortifications — nous serions tenté de dire les murs de clôture du faubourg, pour la raison que ces fortifications ne constituaient pas une défense bien sérieuse — disparurent sans doute à l'époque où commença le démantèlement des tours et courtines de l'enceinte de la cité. Nous n'avons sur ce point aucune donnée précise, non plus que sur la porte du faubourg dont aucun manuscrit connu de nous ne fait mention et qui figure, seulement, sur un plan conservé aux Archives de l'Aisne.

En arrière et à droite de cette porte, se dressait *la Belle-Croix*, de mémoire fort ancienne. L'événement qu'elle commémorait est de ceux qui tiennent une grande place dans une petite histoire locale, et sans donner à son récit l'ampleur qu'il prend sous la plume de l'abbé Hébert, nous en raconterons ce qu'il convient de retenir. Il nous faut, pour cela, remonter au xe siècle.

A l'approche du Danois Hastings dont les hordes barbares désolaient tout l'ouest de la France, pillant et brûlant les villes après en avoir massacré les habitants, les moines du monastère d'Hyèsme (1) s'enfuirent, emportant avec eux, dans l'espoir de leur trouver un asile sûr, les reliques de leur fondateur, Saint Cénéric (2). Ils se rendirent d'abord à Melun, mais leur séjour dans cette ville fut de courte durée ; ils traversèrent la Brie, puis gagnèrent les bords de la Marne et les suivirent jusqu'à Château-Thierry.

La vue de l'ancien palais de Théodoric et de son église bâtis sur un rocher dont les escarpements semblaient défier toute attaque, le calme recueilli du lieu leur firent bonne impression et leur inspirèrent confiance. « Il leur semblait, dit l'abbé Hébert, que c'était là l'endroit hospitalier qu'ils cherchaient depuis le jour de leur départ. »

S'étant arrêtés dans un hameau à proximité de la rivière, nommé depuis le Bas-Village, ils déposèrent la châsse du saint dans un lieu où fut élevée plus tard la Belle-Croix. Pendant que quelques religieux veillaient à sa garde, les autres s'en furent trouver le seigneur du château qui n'était autre qu'Héribert et le supplièrent de recevoir en dépôt le trésor inestimable qu'ils avaient pu soustraire à la fureur de leurs ennemis.

En ces siècles de foi, les reliques d'un saint étaient considérées par les chrétiens comme la plus efficace des protections

---

(1) Hyèsme, territoire situé sur une montagne de roches (*scopulosum*), dans une presqu'île que forme la rivière de la Sarthe (abbé Hébert).

(2) Saint Cérénic était un pieux confesseur qui vivait au viie siècle. Il était né à Spolete, en Italie, de parents nobles (abbé Hébert).

à l'heure du danger. Héribert n'était pas un chrétien bien convaincu, mais il lui parut politique d'accueillir avec bienveillance les hommes de Dieu et de souscrire à leur requête.

Le dépôt effectué, nos moines reprirent, l'âme tranquille, le chemin de leur abbaye. Hélas ! en leur absence, Hastings et ses pirates l'avaient détruite de fond en comble. Trop pauvre pour songer à la reconstruire, la Communauté se dispersa. Et c'est ainsi que les précieuses reliques du fondateur du monastère d'Hyèsme devinrent la propriété des seigneurs du château et plus particulièrement de l'église Notre-Dame.

Afin de perpétuer le souvenir de cette translation, il fut décidé que tous les ans, le 9e jour de mai, ces reliques seraient l'objet d'une imposante cérémonie religieuse. En pompe solennelle, le prieur du château (1) et le clergé de Saint-Crépin portaient la châsse à la Belle-Croix. Venaient à leur suite et dans l'ordre des préséances, le lieutenant général du bailliage, le maire et les échevins, les juges du Présidial, les communautés religieuses et les corporations de la ville, bannières en tête, les nobles, bourgeois et manants. Devant la Belle-Croix, les fidèles agenouillés récitaient des prières ; puis, la procession, après avoir traversé les rues principales de la ville, se rendait à l'église Saint-Crépin où l'on célébrait une grand'messe.

La coutume exigeait que, pendant la sortie de la châsse, deux des principaux officiers de la cité fussent retenus comme otages, au château. C'était un honneur de plus rendu à la

---

(1) Tous les ans, à la Saint Généric, depuis la veille de la fête à midi jusqu'au lendemain de la fête à midi, pendant ces deux fois 24 heures, le prieur du château jouissait de tous les droits de hallage, de péage et de tous autres droits seigneuriaux, excepté celui de nommer aux offices vacants de la ville et faubourgs de Château-Thierry. En conséquence, ce qu'on avait coutume de payer au seigneur, sous la halle, les jours de marché, ce qu'on lui payait pour le passage des bâteaux sur la rivière, pour le passage des bêtes sur le pont, et pour leur entrée, même pour les lots et ventes, quints et requints, se payait, ce jour-là, au profit du prieur. Ainsi en avaient décidé les comtes de Champagne (abbé Hébert).

mémoire de Saint Cénéric et non, comme on pourrait le croire, une mesure de précaution, aucun scandale, aucune manifestation hostile n'étant à craindre en ces siècles de foi.

Pendant les huit jours qui suivaient, les reliques du saint étaient exposées, dans l'église du château, à la vénération des fidèles; les habitants des campagnes, à dix lieues à la ronde, organisaient des pèlerinages. Saint Cénéric était un saint très populaire, nul n'ignorait qu'il avait consacré la plus grande partie de sa vie au soulagement des malheureux...

La disparition de la Belle-Croix date de la Révolution et coïncide avec le séjour que fit à Château-Thierry le citoyen Roux, représentant du peuple dans les départements de l'Aisne et des Ardennes. Le citoyen Roux ne badinait pas avec « *l'exécution des lois révolutionnaires faites pour assurer, disait-il, le bonheur des hommes* » (1).

Quant à la châsse (2), elle fut brisée, lors du pillage de l'église Saint-Crépin, par des gens qui, s'ils avaient mieux connu notre histoire, auraient peut-être hésité à parfaire, à neuf cents ans de distance, l'œuvre exécrable des pirates danois.

A partir du jour où sa ceinture de murailles lui fut enlevée, le faubourg de Marne, qu'on appelait aussi *faubourg Saint-Nicolas,* du nom de la chapelle bâtie proche l'entrée, sur la dernière arche du grand pont, prit une certaine extension. Il ne tarda pas à enjamber le fossé Malingre, à prolonger les rues déjà existantes et à s'en ouvrir d'autres. Au xviiie siècle, le creusement de la fausse-rivière (3) lui imposa

(1) Archives de la ville.

(2) Cette châsse était ornée de douze statuettes en argent représentant les douze apôtres ; Saint Cénéric y figurait en costume de pèlerin, il portait une croix double.

(3) Sur plusieurs plans, on a écrit : *fosse* rivière.

de nouvelles limites. Mais l'élargissement de la chaussée Brunehaut, l'ouverture de la grande route de Paris à Châlons, puis, au xixe siècle, la construction de la voie ferrée barrant le chemin d'Etampes, furent, pour lui, l'occasion de développements successifs qui, même de nos jours, ne semblent pas avoir dit leur dernier mot. Ce fut, surtout, pendant la seconde moitié du xixe siècle que toutes les avenues avoisinant la gare se peuplèrent d'habitations élégantes et que l'entrée de Château-Thierry prit un aspect des plus attrayants.

Mais revenons à l'ancien faubourg Saint-Nicolas qui, du xviie au xixe siècle, n'a point subi — les plans en font foi — des modifications importantes (1). Franchissons la porte qui le fermait devant la chaussée Brunehaut, c'est-à-dire au midi, et dont il ne devait plus rester, en l'an 1600, que d'insignifiants vestiges. A gauche de l'artère principale, signalons trois passages et deux rues, lesquels ne sont que les traits d'union de cette artère avec une voie étroite et longue qui, partant des bords de la Marne, allait, en serpentant, rejoindre *la Grande Cour (voir plan du Faubourg)*. Cette rue a porté successivement les noms de *rue de la Grande Cour*, *rue de Derrière les Granges*, enfin *rue des Granges*. Quant aux passages et rues de liaison, citons la *ruelle de la Grande Cour*, la *ruelle des Granges*, la *rue des Capucins* et la *rue du Bas-Village*, connue au xve siècle sous le nom peu poétique et un peu cru de *rue du B...* (2),

---

(1) Avant que l'on fît les nouveaux ponts, la principale rue du faubourg était, en bien des endroits, beaucoup plus basse qu'elle n'est à présent. Aussi toutes les anciennes maisons qui la bordent ont-elles des appartements ou des cours de plusieurs pieds au-dessous du rez-de-chaussée (Archives départementales).

(2) Nous lisons dans l'abbé Hébert : Il y avait plusieurs années que les Cordeliers jouissaient de leur nouvel établissement lorsque leur tranquillité fut troublée par les libertins du pays. Dans une maison voisine de leur couvent demeuraient des filles de joie. Les assemblées qui s'y tenaient non seulement faisaient contraste avec celles de l'Eglise qui était vis-à-vis, mais procuraient encore des insultes aux bons Pères et à ceux qui avaient des relations avec eux. Les Religieux ne purent réussir à empêcher le scandale qu'en se plaignant en justice et en demandant qu'on obligeât ces filles de mauvaise vie à aller demeurer autre part. Elles furent, en effet, obligées, par sentence, à se retirer dans la *rue du B.....*, cette rue, dit la sentence, étant destinée à ce.

appelée au XIXᵉ, par un tour assez adroit, *rue du Bord-de-l'Eau* et, de nos jours, *rue Malézieux-Mercier* (1).

Une voie plus large coupait la rue des Granges au tiers de son parcours : autrefois bordée de jardins et de quelques rares et pauvres habitations, elle allait aboutir à la plaine, à proximité de la forêt d'Anjou. Elle ne commença à se peupler qu'à partir du XVIIᵉ siècle, lorsque le comte de Saint-Pol, seigneur et gouverneur de Château-Thierry, fit bâtir un couvent et une chapelle, au croisement des chemins de Chézy et de Nogentel, pour une communauté de Frères mineurs (1623). Cette voie reçut alors le nom de *rue des Capucins*. Depuis que l'ancien couvent et ses dépendances ont été transformés en un établissement d'instruction secondaire — il y a de cela quelque 15 ans — elle porte celui de *rue du Collège*.

Adossée au mur d'une maison qui forme l'un des angles de cette rue et de l'artère principale, s'érige une fontaine dont le bassin est assez vaste pour servir d'abreuvoir : comme toutes les autres fontaines (2) de Château-Thierry, celle-ci n'offre aucun intérêt d'art ni d'ancienneté.

Elle a été construite en 1809, d'après les plans de l'ingénieur Mercadier :

« Sa décoration est simple, dit le rapporteur de la Commission municipale des eaux, l'aigle qui la couronne, symbole de la valeur, rappellera le siècle illustré par le plus grand des héros. Son inscription sera : Fontaine Méchin. Ce nom est gravé dans nos cœurs et il ne le sera sur le marbre que pour laisser à nos enfants un faible témoignage de notre reconnaissance. »

---

(1) Nom de l'un des bienfaiteurs de la ville.

(2) Au XVIIIᵉ siècle, les Pères Cordeliers avaient fait amener à leurs frais les eaux des Chesneaux dans un vaste réservoir ou château d'eau, placé dans la cour de leur établissement. Le débit était considérable. Lorsqu'après la Révolution, leur couvent devint bien communal, la ville se hâta de répondre au vœu de la population en faisant construire deux fontaines, l'une à l'ancien carrefour de la prison : fontaine Castelnault, et l'autre, dans le faubourg de Marne : fontaine Méchin. Ce furent les eaux du réservoirs des Cordeliers qui les alimentèrent ainsi que la fontaine Lamourette, située aux Quatre-Vents.

Méchin, Préfet de l'Aisne, avait, en maintes occasions, pris énergiquement la défense des intérêts de notre ville.

Au lendemain de la chute de l'Empire, l'aigle symbolique s'envola et la nouvelle municipalité s'empressa de distraire du magasin des accessoires de nos fêtes un buste du Fabuliste qu'elle fit mettre à sa place. Le dernier mot reste toujours aux Muses. Quelqu'un proposa même de faire graver au-dessous cette inscription rédigée dans la langue de Cicéron par un membre de la précédente assemblée :

Haud imitande Fontani (1)
Tuis sub auspiciis
Redeunt Nayades
Curis Castelnault Urbis
Præfecti.

La proposition fut repoussée...

Que voulez-vous, La Fontaine, c'est notre grand recours, chaque fois qu'il s'agit, ici, de donner quelque mirifique enseigne à un hôtel, de baptiser un cercle réactionnaire ou une loge maçonnique. Il n'est pas de petits mais cordiaux hommages qu'on ne rende à sa mémoire...

Remarquons en passant que la fontaine de la Grande Rue fut dédiée à Castelnault, celle de la place du marché Saint-Martin à de Gerbrois, celle de l'avenue des Petits Prés (aujourd'hui Jousseaume-Latour) à Viard. Castelnault et de Gerbrois ont été maires de Château-Thierry, le premier en 1808 et le second en 1860. Quant à Viard, il fut, sous le règne de Napoléon III, l'un de nos plus aimables sous-préfets.

---

(1)

Inimitable La Fontaine,
Sous tes auspices
Les Naïades nous reviennent
Grâce aux soins de Castelnault
Maire de la ville.

Le *Bas-Village* occupait la partie comprise, de nos jours, entre la *rue du Collège*, la *rue des Ecoles* et la *place Thiers*. C'est là que s'étaient jadis arrêtés — s'il faut en croire la légende rapportée plus haut — les moines du monastère d'Hyèsme. Le Bas-Village avait un cul-de-sac tortueux dont on a fait la *ruelle des Ecoles*.

La rue des Ecoles, qui tire son nom d'un groupe scolaire voisin, s'appelait au xvii⁰ siècle *rue du Gravier* et la place Thiers *place des Graviers*. Entre le pont et cette place se développait le *quai du Bas-Village*, aujourd'hui *quai des Baigneuses*. Le *Port au Bois* « toujours bien muni de cette marchandise », dit un manuscrit, faisait suite à la place des Graviers.

Tout le pâté de maisons compris entre les rues *du Collège, Henri Petit* et *Gautrot* ou, pour plus d'exactitude, entre des parties de ces rues, a été bâti, au cours du xix⁰ siècle, sur ce qu'on appelait, au Moyen âge : *la fosse du Bas-Village* et plus tard : *la mare des Capucins* (1). Une rue la contournait qui portait son nom et deux ruelles, parallèles entre elles, y aboutissaient : la *ruelle des Capucins* et la *ruelle de l'Arche* (*voir le plan*). Qu'était-ce au juste que cette mare ? Plusieurs pièces de nos archives municipales en signalent, sans plus, l'existence, de même qu'elles font mention des trous *Mangin* et *Verdot*, l'un à gauche et l'autre à droite de l'entrée du faubourg, près des bords de la Marne. Nous n'avons pu en savoir davantage.

---

(1) C'était une excavation profonde de 2 à 3 mètres, aussi longue que large, d'une contenance de 25 ares.

Quand la rivière débordait, ses eaux ne tardaient pas à envahir la fosse des Capucins. N'y trouvant aucune issue pour leur écoulement, elles y demeuraient jusqu'à ce qu'elles fussent absorbées par l'évaporation et l'infiltration dans les terres. C'était alors un véritable cloaque.

Les jours de foire ou de grand marché, quand la mare était à sec, on y parquait les bestiaux à vendre.

En 1841, la ville la céda à plusieurs habitants, contre l'engagement qu'ils prirent et exécutèrent aussitôt de la faire combler et d'y construire des maisons. (Archives municipales.)

La *ruelle des Capucins* n'était autre que l'ancien *chemin de Nogentel* qui, depuis sa mise hors d'usage, avait été rétréci au point de ne plus former qu'un long boyau jusqu'à sa sortie du faubourg. C'est par ce chemin et la rue du Bas-Village que les voitures et diligences venant de Paris pénétraient dans Château-Thierry et allaient relayer à l'hôtel de la Poste (1).

L'îlot de maisons, entre les rue et quai du Bas-Village, était percé, d'une part, de deux allées menant au trou Verdot et entaillé, de l'autre, par le cul-de-sac du *Gravier* ou de la *Syrène*.

L'exclamation de Gringoire perdu, la nuit, dans le dédale inextricable des ruelles, carrefours et culs-de-sac qui enserraient, à Paris, l'ancien sépulcre des Innocents : « En vérité, voilà des rues qui ont bien peu de logique ! » pourrait s'appliquer, toutes proportions gardées, à cet écheveau que nous avons essayé de démêler. Il ne suffit pas d'être du pays, comme on dit, il faut encore être du quartier pour s'y reconnaître.

*

A droite de la rue du Faubourg (aujourd'hui rue Carnot), toutes ces complications disparaissent ; une seule branche issue du tronc : la rue *des Filoirs* ou *des Filoix* (2), parallèle au quai du même nom qui coule le long de la Marne et va du grand pont aux *Saules Maillefer* (emplacement actuel des Bains).

De son point de départ jusqu'à la maison dite : *Le Carillon*, derrière laquelle s'ouvrait la *Cour Coquelet*, la rue des Filoirs s'appelait rue *de la Sonnerie*. Carillon, sonnerie, il y a là

(1) La poste, les messageries et les roulages s'étaient installés dans un immeuble voisin du monastère de la Congrégation, immeuble ayant appartenu très longtemps aux religieux trinitaires de Cerfroy et connu sous le nom d'hôtel de la *Galère*. Un incendie le détruisit en partie au mois d'août 1658. Il fut aussitôt reconstruit. (Archives de la Société historique de Château-Thierry.)

(2) Filoirs vient-il de filets ? Ce quartier, au Moyen âge, n'était habité que par des pêcheurs et des mariniers.

apparemment, une sorte de rapport de cause à effet. entre ces deux noms. Le Carillon était un ensemble de petites cloches qu'on faisait sonner à l'aide d'un bouton de fer ou d'un clavier, soit qu'on le touchât de la main ou qu'on le fît mouvoir avec un tambour. L'usage du carillon était très répandu dans les Flandres. En possédâmes-nous un échantillon à Château-Thierry ?... C'est probable. La maison ainsi nommée était un fief, le fief de Conflans ; il appartenait vers la fin du xviiie siècle à un certain Pinterel qui, sans doute, n'était autre que Pinterel de Louverny, lieutenant général du bailliage. Les seigneurs de Château-Thierry et les religieux de Cerfroid en tiraient aussi quelques petits bénéfices. Depuis bien longtemps déjà, ce logis seigneurial a disparu et la Cour Coquelet agrandie de la place qu'il occupait est devenue la Cour du Carillon.

A l'extrémité de la rue de la Sonnerie, il y avait, formée par un angle rentrant, une petite place (et cette place existe toujours), d'où l'on descendait à un abreuvoir *(plan nᵒ 6)*.

La rue des Filoirs franchissait le fossé Malingre sur un petit pont de pierre et aboutissait au chemin de Chierry.

Le quai des Filoirs avait deux ports : le *port à la bûche* et le *port à la thuile*. On y voyait aussi, en bordure de la rivière, de vastes hangars servant d'abri aux bâteaux en radoub. On en construisait même et des plus grands, de ceux qui, à l'échelle maxima du canal de Meaux, mesuraient 36 mètres de long sur 6 m. 50 de large, prenant 4 pieds en bonne eau.

Signalons, pour terminer, dans la grande rue du faubourg, le cul-de-sac du *monastère de la Congrégation.*

Fondée en 1633 par Simon Legras, évêque de Soissons, la Congrégation de Château-Thierry, qui avait une Supérieure à sa tête, se composait de quinze dames de chœur et de neuf sœurs chargées d'instruire et d'éduquer les jeunes filles de la ville. M. Caumartin, intendant de la Généralité, vint les installer solennellement en vertu d'un ordre du roi. Ces religieuses, en arrivant ici, trouvèrent à se loger, un peu étroitement sans doute, dans un immeuble de la Grande Rue, la

maison *du Moulinet.* Quelques années plus tard, on leur fit construire un couvent et une chapelle dans le faubourg de Marne.

L'impasse qui longeait ces bâtiments a été ouverte il y a
quelques années et transformée en une rue qui s'en va, tout
de travers, rejoindre celle du fossé Malingre. Les habitants
du quartier lui ont donné le nom d'un ancien député de
l'arrondissement de Château-Thierry, Emile Morlot.

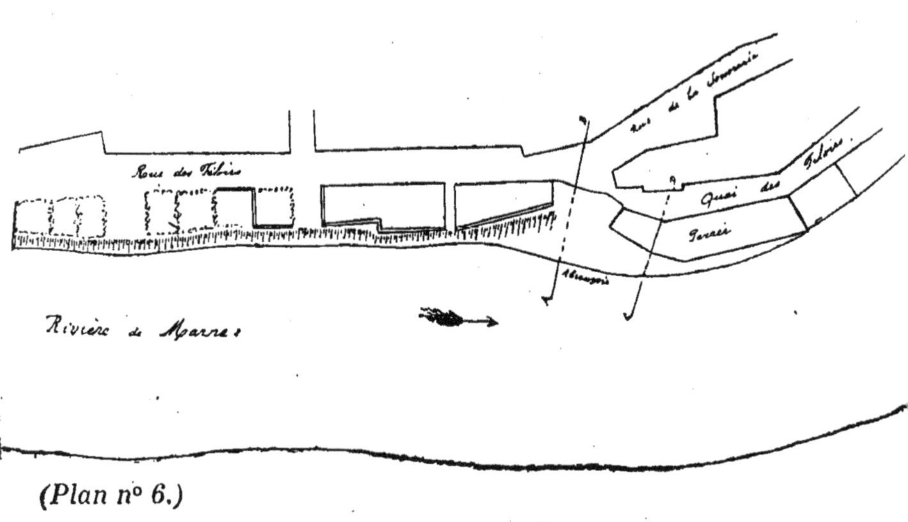

(Plan n° 6.)

TEMPS MODERNES. — Le creusement de la Fausse-Marne qui date de 1760 — nous en parlerons plus loin — donna naissance à des quais qu'on ne se pressa pas de baptiser. Ce n'est que depuis neuf ou dix ans qu'ils portent les noms de *quai Coutellier* (1), *quai de la Prairie, quai de la Fausse-Marne, quai Dupuis-Delizy* (2), les deux premiers à droite, les deux autres à gauche du pont-neuf.

De la *place Carnot* (autrefois *place de la Demi-Lune*, puis *place de la Nouvelle France*), partent les *avenues de Montmirail, de la République* et la *rue de la Prairie*.

L'avenue de la République (ancienne route de Paris à Châlons) communique avec le quai Dupuis-Delizy par la *rue des Bains* et avec la gare de l'Est par une petite avenue du même nom, percée à droite de l'ancien chemin d'Etampes et formant avec lui un triangle auquel une partie de la *rue Deville* sert de base. Celle-ci dessert l'avenue de Montmirail, l'avenue de la République et la cour de la gare.

Quant à la rue de la Prairie, rue moitié bourgeoise, moitié maraîchère, elle donne accès à l'ancien chemin de Nogentel, ainsi qu'aux chemins de Chézy-l'Abbaye et de Champunant.

*
* *

(1) Nom d'un ancien maire de Château-Thierry.
(2) Nom d'une famille fondatrice d'un prix de vertu au profit d'une jeune fille pauvre.

NOMS ANCIENS ET NOUVEAUX

1	*La Belle-Croix.*
2	*Porte du Faubourg.*
3	*Rue du Faubourg d'Oultre-Marne ou Faubourg Saint-Nicolas. — Rue Carnot.*
4	*Rue de la Grande-Cour. — Rue de Derrière-les-Granges. — Rue des Granges.*
5	*Place de la Grande-Cour.*
6	*Ruelle de la Grande-Cour.*
7	*Ruelle des Granges.*
8	*Rue du Bas-Village. — Rue des Capucins. — Rue du Collège.*
9	*Rue du B..... — Rue du Village. — Rue du Bord de l'eau. — Rue Malézieux-Mercier.*
10	*Chemin de Chézy.*
11	*Chemin de Nogentel. — Ruelle des Capucins.*
12	*Couvent et Chapelle des Capucins. — Pensionnat Saint-Eugène. — Collège Jean de La Fontaine.*
13	*Rue du Gravier. — Rue des Ecoles.*
14	*Bas-Village.*

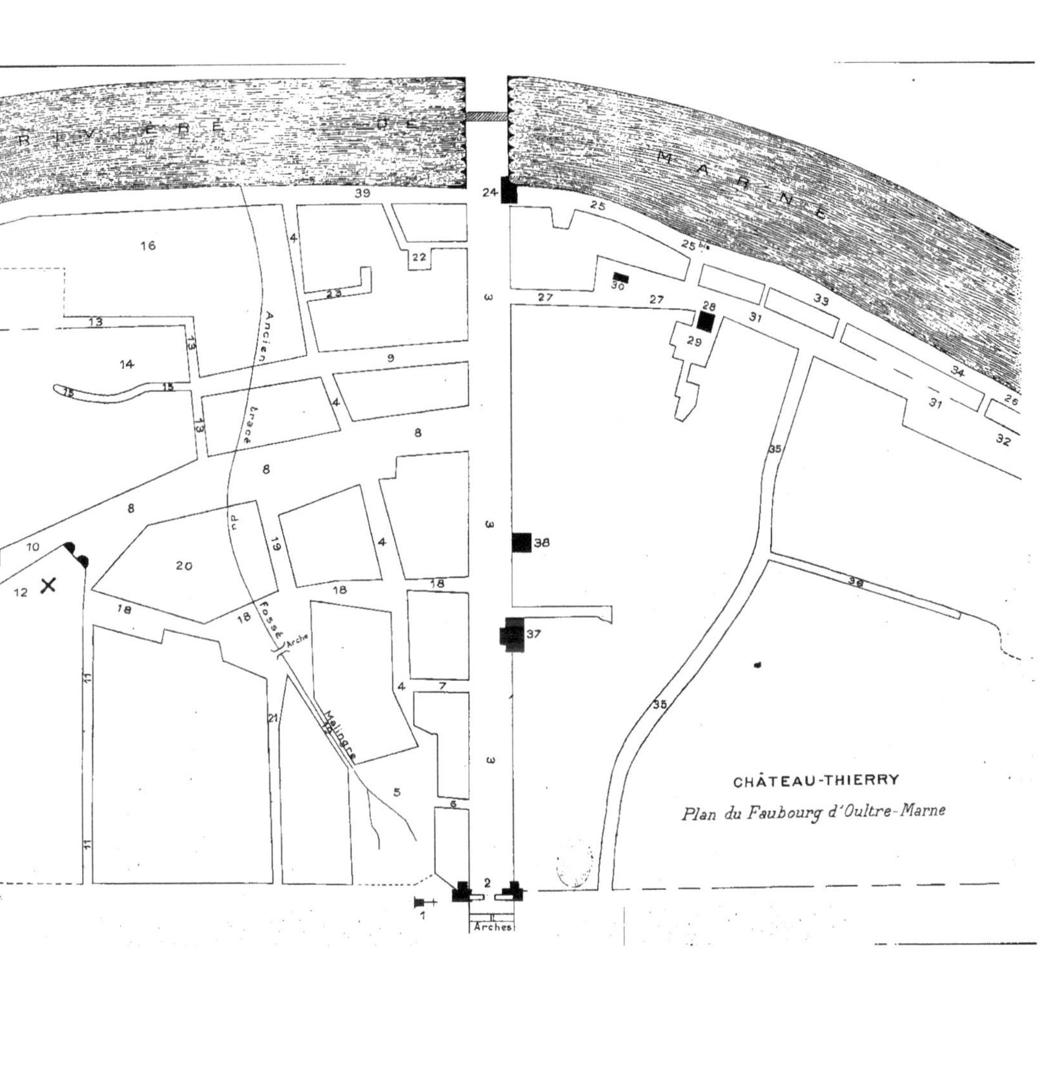

RIVIÈRE DE
MARNE
16
39
4
22
23
13
13
14
15
15
13
9
4
8
8
8
8
10
20
19
4
12
18
18
18
18
11
Arche
21
Molinare
5
6
1
2
Arches
24
25
25 bis
30
27
27
28
29
31
33
34
31
26
32
35
38
38
37
35
CHÂTEAU-THIERRY
Plan du Faubourg d'Oultre-Marne
Ancien
tracé
du
fossé

15	*Cul-de-sac du Bas-Village. — Ruelle des Ecoles.*
16	*Place du Gravier. — Place Thiers.*
17	*Le Port au Bois.*
18	*Rue de la Fosse du Bas-Village. — Rue de la Fosse des Capucins. — Rue Gautrot.*
19	*Rue de la Fosse du Bas-Village. — Rue de la Fosse des Capucins. — Rue H. Petit.*
20	*Fosse du Bas-Village. — Fosse des Capucins.*
21	*Ruelle de l'Arche.*
22	*Trou Verdot.*
23	*Cul-de-sac du Gravier ou de la Syrène.*
24	*Chapelles Saint-Nicolas et des Toussaints.*
25	*Quai des Filoirs.*
26	*Abreuvoir.*
27	*Vers les Saules Maillefer.*
28	*Rue de la Sonnerie.*

29	*Maison du Carillon.*
30	*Cour Coquelet. — Cour du Carillon.*
31	*Fontaine publique* (XIXe *siècle*).
32	*Rue des Filoirs.*
33	*Vers le Chemin de Chierry.*
34	*Port à la Bûche.*
35	*Port à la Thuile.*
36	*Rue du Fossé Malingre.*
37	*Ruelle du Fossé Malingre.*
38	*Carrefour et Monastère de la Congrégation.*
39	*La Poste.*
40	*Quai du Bas-Village. — Quai des Baigneuses.*

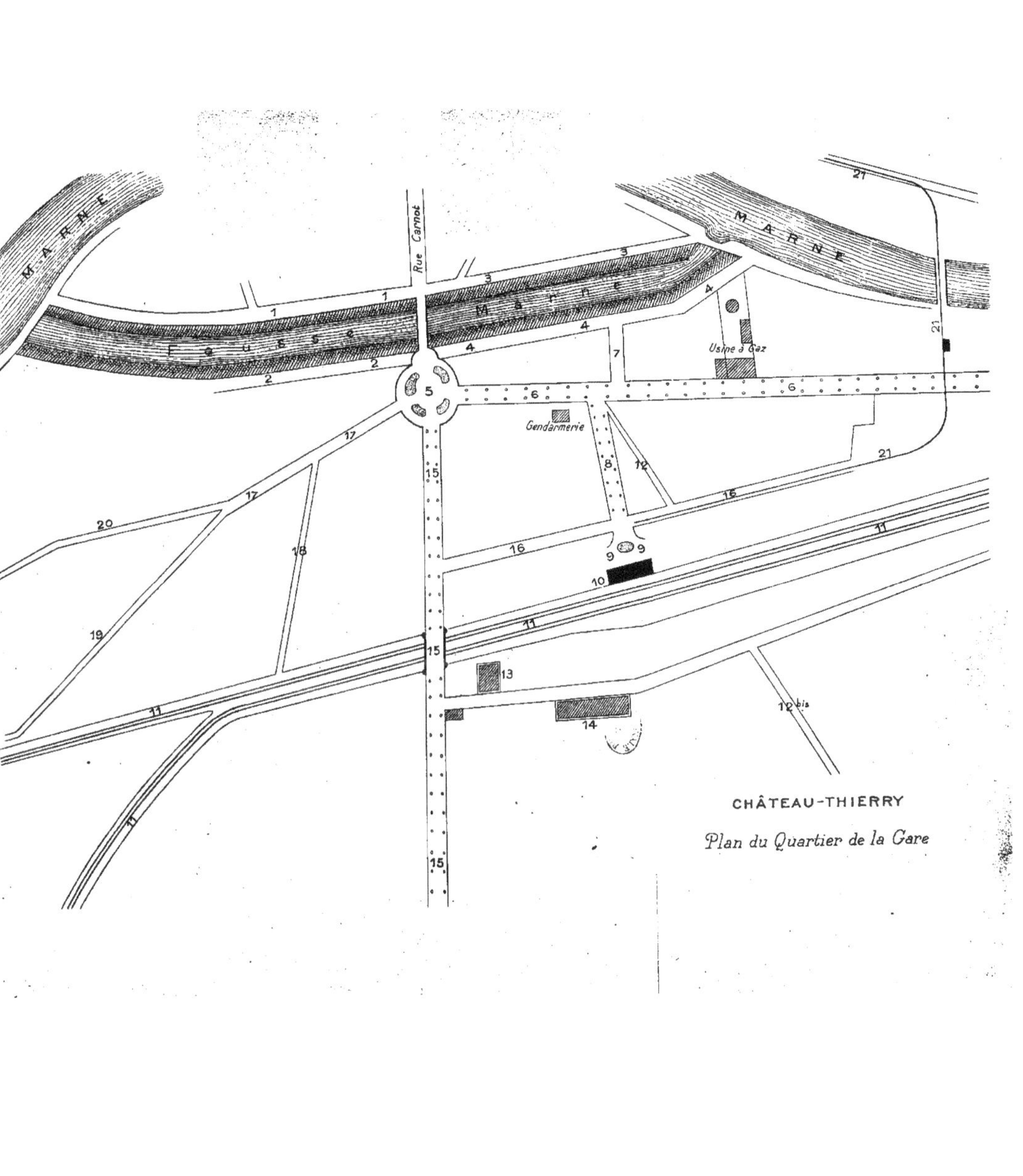
MARNE
MARNE
Rue Carnot
Fausse Marne
Usine à Gaz
Gendarmerie
CHÂTEAU-THIERRY
Plan du Quartier de la Gare

1	*Quai Coutellier.*
2	*Quai de la Prairie.*
3	*Quai de la Fausse-Marne.*
4	*Quai Dupuis-Delizy.*
5	*Place de la Demy-Lune. — Place de la Nouvelle-France. — Place Carnot.*
6	*Route de Paris à Châlons. — Avenue de la République.*
7	*Rue des Bains.*
8	*Avenue de la Gare. — Avenue Wilson (xxᵉ siècle).*
9	*Cour de la Gare.*
10	*Bâtiments de la Gare.*
11	*Voie ferrée (Château-Thierry à La Ferté-Milon, à Paris, à Châlons).*
12	*Ancien chemin d'Etampes (12 bis). — Chemin d'Etampes.*
12	*Dépôt de Machines.*
14	*Manutention.*
15	*Route ou Avenue de Montmirail (Ancienne chaussée Brunehaut).*
16	*Rue Deville.*
17	*Rue de la Prairie.*
18	*Ancien chemin de Nogentel.*
19	*Chemin de Chézy-l'Abbaye.*
20	*Chemin de Champunant.*
21	*Chemin de fer du Sud de l'Aisne.*

FAUBOURG SAINT-MARTIN. — Le faubourg Saint-Martin est le doyen de nos faubourgs, puisqu'il remplaça, comme nous l'avons vu, la petite cité d'Otmus détruite par les Huns. Malheureusement, à part l'église Saint-Crépin dont on pense que la reconstruction date de 1450, rien ne subsiste de son passé architectural qui soit digne de retenir l'attention de l'archéologue. Il importait donc peu que nous lui donnions la seconde place dans cette étude...

Aussi loin qu'on puisse remonter — je ne dirai pas dans son histoire, le mot serait un peu gros, — mais dans les souvenirs qu'il a laissés, nous constatons que sa topographie est aujourd'hui, à quelques détails près, ce qu'elle était au Moyen-âge. La voie principale, formant dos d'âne au carrefour Saint-Crépin, s'embranchait à droite, c'est-à-dire vers le nord, de deux rues sensiblement parallèles, la rue de la Madeleine et la rue du Village-Saint-Martin, encore que cette dernière ne fut, jusqu'à la fin du xviiie siècle, qu'un chemin raboteux, inégal et creusé d'ornières. On y remédia depuis.

Cette voie principale se divisait, nominalement, en trois parties : la rue Saint-Crépin, la rue Saint-Martin et la rue du Vivier.

La rue Saint-Crépin, qui faisait face à la Grande-Rue, en deçà des fortifications du Bourg, aboutissait au point culminant du dos d'âne, devant l'église paroissiale : la rue Saint-Martin dévalait le versant opposé, en bas duquel elle prenait le nom de « du Vivier » jusqu'à son point terminus, autrement dit jusqu'à l'amorce de la route qui fut appelée en 1754 route de Paris.

A une époque que nous ne pouvons préciser, mais qui est relativement récente, les deux derniers noms s'accolèrent et la rue Saint-Martin devint la rue du Vivier Saint-Martin qu'on trouve, sur plusieurs plans, orthographiée par erreur de la façon suivante : rue Duvivier Saint-Martin. Le « Vivier » est un rû qui descend des côteaux voisins ; il traversait, autrefois, la voie principale du faubourg, à ciel ouvert, puis, obliquant à droite, allait mêler ses eaux à celles du rû des pâtis Saint-Martin, dans l'écluse du Moulin du Roy. Celle-ci se déchargeait de son trop-plein dans la Marne.

Les noms de « du Vivier » et de Saint-Martin ne restèrent pas longtemps unis : le second, seul, subsiste.

En 1793, le Conseil de la commune décréta que le faubourg et le village s'appelleraient désormais : *faubourg et village de l'Egalité*, le carrefour Saint-Crépin : *carrefour de l'Egalité* et la rue de la Madeleine : *rue de Chalier*. Le procès-verbal de la séance mémorable dans laquelle quatre de nos édiles entreprirent de débaptiser toutes les rues de Château-Thierry qui avaient un nom de saint, et enjoignirent aux femmes de ne plus porter de croix — *ce signe honteux de l'erreur* — sous peine d'être traitées comme suspectes, est signé Péchart, Quéquet, Maciet et Sauvique fils (1). Nous ne pensons pas que ces arrêtés et plusieurs autres du même genre aient été jamais mis en vigueur. Nos conseillers se bornèrent à les consigner sur le registre des délibérations. Il eût été dangereux pour eux de ne pas faire, au moins en apparence, une large part à l'ogre révolutionnaire. C'est ainsi que dans leur séance du 28 octobre 1793, ils chargèrent les citoyens Baillot, curé de Saint-Crépin, et Copinot, notable, « de faire changer les vitraux de l'Eglise qui porteraient des signes ou emblèmes réprouvés par la loi du 1er août de la même année », et que, dans l'une des séances suivantes, ils ordonnèrent la démolition des clochers de Saint-Martin, de Saint-Crépin et de la Maison d'Humanité (Hôtel-Dieu).

Or, tous ces clochers étaient encore debout après la Révolution et les vitraux de l'Eglise Saint-Crépin n'avaient pas été remplacés.

* *

(1) Le Conseil municipal se composait alors de 21 membres, mais ses séances très fréquentes n'étaient suivies que par un petit nombre d'entre eux.

Les rues de la Madeleine et du Village-Saint-Martin étaient et sont toujours reliées entre elles par les *ruelles des Prêtres et des Praillons.*

Du parvis de l'Eglise Saint-Crépin, la rue de la Madeleine mène directement à une petite place où se tenait jadis le marché aux denrées et aux bestiaux. Nos aïeux avaient coutume de l'appeler : *place Vuide-Bourse* ou *place de la Croix Vuide-Bourse* (1), à cause d'une antique croix de pierre d'un travail artistique très soigné qui s'élevait en son milieu. Pendant la Révolution, la croix subit le sort des emblèmes religieux un peu trop en vue. Insensibles aux prières et aux objurgations des habitants du quartier qui tenaient, avec raison, à ce qu'on respectât cette merveille, les Sans-Culottes de Château-Thierry la brisèrent et en dispersèrent les morceaux.

La rue du Village-Saint-Martin, aujourd'hui *rue Jules-Maciet,* est le trait d'union du hameau avec le faubourg. C'est sur le monticule qui la domine, à l'est, que les comtes de Champagne avaient édifié, au XIIIe siècle, une église dédiée à Saint Martin, monument dont il ne reste aucun vestige.

Entre l'église et le village, le chemin était des plus malaisés : en 1753, le premier échevin de la ville, Rémy, François Prévôt (2), avec l'assentiment — j'allais dire la complicité — du propriétaire du château, le trop négligent duc de Bouillon, fit dépouiller de son revêtement de grès le bastion qui défendait, au nord, la porte de Beauvais, pour en paver la plus grande partie...

Le faubourg était sillonné de ruelles qui n'avaient pas pour objet principal, comme celles du Bourg, de concourir à sa défense. Elles permettaient aux habitants de ces quartiers

---

(1) Dans un état des biens et revenus de la Maladrerie de Château-Thierry, état dressé en 1547, nous avons trouvé ce nom ainsi orthographié : Wide-bource.

(2) Ce François Prévôt eut une idée plus heureuse lorsqu'il fit installer des réverbères pour éclairer nos rues pendant les nuits d'hiver.

excentriques de se rendre plus facilement et plus vite qui, à son jardin, qui, à ses champs, qui, au bord de la rivière. Quatre de ces ruelles desservaient la grande artère.

C'étaient : la ruelle *Chanoine*, la ruelle *Latouche*, la ruelle du *Corps de garde*, la ruelle *Legret* (1). La ruelle *du Vivier* qui longeait le rû du même nom faisait communiquer la rue Saint-Martin avec la ruelle des Praillons.

Quatre également desservaient la rue de la Madeleine : la ruelle *Chevalier*, la ruelle *des Prêtres*, la ruelle *Boyot*, la ruelle *des Praillons*.

Quant aux ruelles des *Fusilliers* et de la *Madeleine*, quant au chemin (aujourd'hui rue des Petits-Champs) qui s'amorçait, à l'est, à la place Vuide-Bourse, ils n'étaient encore que vaguement esquissés à travers champs.

Ouvrons, ici, une parenthèse. Il est bien évident que les noms de Latouche, Boyot, Legret, etc., étaient ceux d'habitants de Château-Thierry, propriétaires de jardins et de bâtiments bordant les passages dont nous venons de parler. Peut-être avaient-ils cédé à la ville, à titre gracieux, quelques parcelles de leur terrain afin de permettre le prolongement du tracé ou sa rectification sur divers points. Mais il semble bien qu'à cette époque nul ne fut admis à l'honneur de donner son nom à une rue, nous n'en trouvons pas d'exemple ici. L'une de nos plus grandes gloires littéraires, Jean de La Fontaine, dut attendre quelque cent ans avant que cet hommage lui fût rendu.

De nos jours, il n'en va pas de même. Il suffit qu'une ville recueille un legs pour que ses représentants se hâtent d'infliger à une avenue ou à une rue, selon le plus ou moins d'importance de la somme léguée, le nom du donateur. La politique s'en mêlant, il en est qui, à moins de frais, bénéficient de cette suprême distinction. On leur octroie une plaque après décès au même titre que, vivants, on leur

(1) Au commencement du xixe siècle, on les appela ruelle *Boudin*, ruelle *Chauvet*, ruelle *Bruxelle*, ruelle du *Moulin du Roy*.

décernait rubans ou croix. Sommes-nous donc exposés à voir fraterniser dans une promiscuité des plus touchantes la rue Tartempion et le boulevard Pasteur, la rue Durondard et l'avenue Victor-Hugo ?

Outre que nos aïeux plaçaient plus haut l'honneur de la cité, ils estimaient, non sans raison, que les dénominations des voies publiques sont faites pour donner aux voyageurs des indications utiles, qu'elles doivent, avant tout, servir d'itinéraire. Citons, à titre d'exemples : la rue du Château, la rue du Pont, les routes (aujourd'hui qualifiées plus justement d'avenues) de Soissons, de Paris, de Fère, de Montmirail, etc.

Le mal, chez nous, s'il n'a pas encore l'ampleur d'une épidémie, a pris, depuis une vingtaine d'années, des proportions inquiétantes. Nos édiles n'ont-ils pas eu, un jour, l'idée baroque de donner à la rue de la Gare des Chesneaux le nom de l'Espagnol Ferrer ! Si le Préfet n'avait pas opposé son veto, la mémoire de ce révolutionnaire de marque, partisan de l'action directe, eût été honorée dans notre paisible petite ville, à l'égal de celle d'un bienfaiteur de l'humanité. Si bien qu'un touriste s'informant : Où mène donc cette rue ?... nous n'aurions pu que répondre : Tout droit à l'anarchie !...

*
* *

Le Faubourg Saint-Martin, outre ses églises paroissiales, possédait comme édifices religieux : la chapelle de la *benoîte Magdeleine* (1) dont il reste encore les murs latéraux pourvus de leurs contreforts, la chapelle des *Minimes* qui fut démolie vers la fin du xviiie siècle.

---

(1) Cette chapelle, fermée pendant la Révolution, ne fut rouverte qu'en 1825, pour servir de Maison de détention. Les nombreux remaniements dont elle avait été l'objet ont permis d'y installer, il y a quelques années, la Bibliothèque communale.

Les Minimes s'établirent à Château-Thierry en 1604, après s'être assurés de la protection de Jérôme Hennequin, évêque de Soissons.

Cet ordre avait été fondé en Calabre par Saint-François-de-Paule, au commencement du xve siècle. Ses membres, comme le nom l'indique, étaient astreints à la plus grande humilité. Leur costume était simple : une robe de laine de couleur brun-marron avec chaperon et ceinture de même étoffe, le tout grossièrement confectionné.

Ils s'étaient logés dans une maison en partie détruite par les guerres civiles, laquelle avait pour enseigne *A la Couronne de fer* et était située rue Saint-Crépin, en face l'Eglise. Derrière s'étendait un assez beau jardin qui, par une succession de terrasses, descendait jusqu'à la Marne. A partir de 1616, grâce à une sage administration des revenus qu'ils possédaient et des dons que la générosité publique ne leur ménagea point au début de leur installation, ils agrandirent leur petit domaine par l'acquisition de plusieurs maisons voisines, *le Cerf, la Rose, la Poule rouge* et *la Truie qui file,* tous immeubles de peu d'importance et n'ayant d'autre avantage que de leur procurer un emplacement assez vaste pour la construction d'un couvent et d'une chapelle.

Les libéralités du connétable de Saint-Pol, comte et gouverneur de Château-Thierry, leur permirent d'exécuter entièrement tous ces travaux. Comme témoignage de reconnaissance, ils ornèrent la porte de la chapelle d'un médaillon aux armes de leur bienfaiteur.

La communauté se composait alors de douze religieux y compris le supérieur, auquel on donnait le titre de correcteur. L'un des correcteurs des Minimes de Château-Thierry, Jean-Baptiste d'Avrillon, fut l'un des plus remarquables théologiens du xviie siècle.

Rappelons aussi que Paul de Gondi, plus connu dans l'histoire de la Fronde, dont il fut l'âme, sous le nom de Coadjuteur de Retz, a été baptisé en 1613 par Delaittre, prieur des Minimes de cette ville.

Après avoir connu des jours prospères pendant près d'un siècle, cet établissement tomba, tout d'un coup, en déconfiture. On y pratiquait la charité avec un zèle des plus louables, mais aussi des plus disproportionnés avec les ressources dont on disposait. La gène se fit sentir au point qu'en 1750, il fallut réduire à quatre le nombre des religieux. Un peu plus tard, le système de Law consomma leur ruine. Lorsqu'il n'y eut plus qu'un Minime, le P. Celer, Mgr de Boudeilles, évêque de Soissons, ordonna la suppression du couvent et sa réunion à celui de Compiègne.

Un journal de cette ville, *Les Affiches de Compiègne et du Beauvaisis*, inséra l'annonce de la vente le 9 mars 1788.

Complétons par cette note empruntée aux *Annales* de la Société Historique de Château-Thierry (année 1892) :

« La maison et la chapelle furent adjugées à Nicolas Prévôt, gendarme de la maison du Roi, le 30 octobre 1789. Quinze jours après, les biens du clergé étaient mis entre les mains de la Nation. Prévôt donna à la ville 600 livres pour la création d'une école gratuite, démolit la chapelle livrée déjà à des usages profanes et aménagea les constructions telles que nous les voyons encore aujourd'hui (maisons de Gerbrois et d'Aubanel).

« C'est sans doute à la suite de l'acquisition Prévôt qu'a été établie cette servitude que connaissent bien les propriétaires des jardins qui aboutissent à la ruelle des Minimes. Il résulte de cette servitude qu'aucune construction pouvant gêner la vue ne peut être élevée dans les jardins limités par l'ancienne mare Prévôt. »

Les Minimes portaient d'azur à trois fleurs de lys, deux et une et un croissant d'argent en abîme.

Mentionnons la création, au XIXe siècle, dans la rue de la Madeleine, de deux établissements d'enseignement primaire congréganiste à l'usage des enfants pauvres de la ville, création due aux libéralités d'une arrière-petite-nièce de La Fontaine, Claudine Aubert d'Aubigny, vicomtesse du Moulin. L'un était tenu par les Religieuses de l'ordre de Notre-Dame de Bon-Secours (1824) et l'autre par les Frères de la **Doctrine** chrétienne (1831).

En 1880, le Préfet de l'Aisne, sur un vœu du Conseil municipal de Château-Thierry, arrêta que l'école des garçons serait confiée, désormais, à des instituteurs laïcs.

Quant aux Dames de Bon-Secours, elles continuèrent d'instruire les jeunes filles jusqu'au jour où fut promulguée la loi votée par le Sénat le 5 juillet 1904 qui retirait aux Congrégations le droit d'enseigner à tous les degrés.

A l'extrémité de la rue du Vivier (aujourd'hui rue Saint-Martin), il y avait et il existe toujours un moulin connu d'ancienneté sous le nom de *Moulin du Roy* (1).

Plusieurs fois rebâti au cours des âges, toute trace de construction ancienne a disparu ; le nom seul est parvenu jusqu'à nous. Ce moulin avait été frappé par Blanche de Castille, disent les uns, par Blanche d'Artois, soutiennent les autres, de plusieurs redevances au profit des clercs laïcs composant la Basoche de Château-Thierry. Nous ferons remarquer qu'il existait autrefois, dans la rue principale du faubourg de Marne, toute une suite de bâtiments appelés « *Les Granges du Roy* » (2).

Granges du roy, Moulin du roy, il semble bien que ces deux établissements se complétâssent : le premier servant à emmagasiner les produits de la dîme payée en nature au roi de France, comme seigneur de Château-Thierry, le second à moudre et convertir en farine les blés et autres céréales déposés dans les locaux du faubourg et perçus par l'admi-

---

(1) Philippe IV, le Bel, vidime l'échange qu'avait fait Jean de Luquié d'un moulin sis à Chasteautiery dessus le moustier Saint-Martin, le moulin qu'on die Adan et toutes ses dépendances avec le roi qui lui avait cédé en compensation un pré « dessous Luquié » près de Chasteauthiery. Paris, Décembre 1304. (Archives Nationales.)

(2) Plusieurs maisons avaient leur rez-de-chaussée en arcades : ainsi celles qui formaient, dans le faubourg de Marne, ce qu'on appelait les Granges du roy. Elles s'étendaient, sur la droite, depuis la cour où est l'auberge de la Croix d'or jusque presque tout au bout du faubourg. Le derrière de ces maisons, du côté du Bas-Village, s'appelle encore quelquefois : Derrière les Granges. (Abbé Hébert.)

nistration des tailles. La farine mise en sacs était ensuite expédiée à Paris par bâteaux.

Il est aussi question dans plusieurs pièces d'un dossier ayant pour titre : Evaluation de Château-Thierry au xive siècle, d'un moulin à huyle « situé et assis joignant la porte Saint-Martin »; on l'appelait le *Moulin d'Embas.*

PAROISSES. — ÉGLISES. — CIMETIÈRES. —

Château-Thierry, comme toutes les villes, au Moyen-âge, avait autant de cimetières qu'il comptait de paroisses et presque toujours ceux-ci précédaient et même entouraient les églises. C'était, ici, le cas, le parvis de Saint-Crépin était, autrefois, un lieu d'inhumation ; ce petit cimetière existait encore à la fin du xviiie siècle, mais on n'y enterrait plus, depuis bien longtemps, faute de place. Nous avions aussi le cimetière de l'église Saint-Martin et celui de Notre-Dame du Château, toutes deux églises paroissiales.

La cure de Saint-Crépin était à la présentation de l'abbé de Chézy ; la cure de Saint-Martin, à la présentation du chapitre de Saint-Ferréol d'Essômes, la cure de Notre-Dame du Château, à la présentation de l'abbé de Val-Secret. Saint-Crépin était la première paroisse de la ville, Saint-Martin, la seconde, et Notre-Dame-du-Château, la troisième.

A un Etat ecclésiastique et civil du Diocèse de Soissons qui porte la date de 1783, nous empruntons les détails suivants :

SAINT-CRÉPIN — *S. Crispinus in urbe Castro-Theodorici* — était aussi le chef-lieu du Doyenné, dixième du Diocèse et le second de l'archidiaconé de Brie. Son église est dédiée aux martyrs de Saint-Crépin et de Saint-Crépinien ; son clocher est une belle tour quarrée, à côté du grand portail et renferme quatre cloches. Il y a aussi

(*Fig. 13.*)   RUINES DE L'ÉGLISE SAINT-MARTIN (au début du XIXe siècle).

sur la nef une petite flèche qui contient deux cloches (1). L'un et l'autre clocher est à la charge des habitants. Les dixmes de la paroisse se partagent entre l'abbé de Chézy qui en a les deux tiers et le curé qui a l'autre tiers à l'exception d'un petit dixmage enclavé dans le sien, lequel dixmage appartient au Prévôt de Marizy, à cause du Prieuré de Saint-Marc dépendant de sa Prévôté. La paroisse a quatre vicaires dont le premier est vicaire en chef, le deuxième sacristain, le troisième chantre, le quatrième n'a que la qualité de clerc ; au nombre des bénéfices simples : une chapelle domestique au hameau des Chéneaux appelée la Chapelle de l'Audience. Le bled, le vin et le chanvre sont les productions les plus communes du terroir de Saint-Crépin. Il y avait autrefois deux cures dans l'église de Saint-Crépin, lesquelles ont été unies vers l'an 1680.

SAINT-MARTIN — *S. Martinus in urbe Castro-Theodorici* — cure régulière du Doyenné de Château-Thierry, archidiaconé de Brie. *Décimal :* le prieur-curé, seul, par abandon et à la charge de l'entretien des chœur et cancel (2) de l'Eglise. Le clocher est une belle tour quarrée posée sur un des bas-côtés de la nef. 5 cloches dont 3 grosses bien accordantes et de la plus belle harmonie et deux petites. L'église est grande et bien bâtie ; on la voit avec plaisir quoiqu'elle soit presque sans ornements. *(Voir fig. 13.)*

Le terroir de Saint-Martin produit du bled, du vin et toutes sortes de fruits. La paroisse a un vicaire à la charge du Prieur. Le faux bourg de la Barre, où était située l'abbaye de ce nom, dépend de cette paroisse ainsi que la superbe maison des Frères de la Charité. Les Minimes de la ville sont aussi dans son étendue. Elle a une Confrairie *des Pardons*, peut-être l'unique en France par l'étendue de ses privilèges et des Indulgences qui lui sont accordées par la Bulle de son établissement. Cette Confrairie se fait tous les troisièmes jours du mois : elle est très nombreuse et n'a d'autre revenu que les quêtes.

La paroisse de N.-D. DU CHATEAU — *Beata Maria in Castro-Theodorici* — est dans l'enceinte du Château. Elle n'est composée que de 25 à 30 habitants. Il n'y a point de dixmes, si ce n'est dans

---

(1) En 1792, au mois de février, cette flèche qui, depuis longtemps déjà, menaçait ruine, fut détruite par une violente tempête. (Archives Municipales.)

(2) Balustrades du chœur.

le Parc, mais le **Prieur** ne la perçoit point ordinairement par attention pour le Prince. L'église est très ancienne et subsistait avant la ville. On en a retranché une grande partie (1). Le clocher de l'église est sur le chœur et contient trois cloches. »

De ces deux dernières églises, il ne reste plus trace, aujourd'hui. Celle de Saint-Martin servit, pendant la Révolution, de magasin à fourrages ; sous l'Empire on en fit une ambulance à l'usage des prisonniers blessés. Un peu plus tard, comme elle tombait en ruine, le Conseil municipal autorisa les administrateurs de la fabrique extérieure de Saint-Crépin à tirer argent de sa démolition, à vendre le terrain sur lequel elle s'élevait ainsi que celui du cimetière qui en était proche et à consacrer ces sommes aux réparations de l'église Saint-Crépin dont certaines parties menaçaient de s'écrouler. Ce qui fut exécuté à la lettre et dans le délai le plus bref.

En vertu d'un décret de l'Assemblée nationale, notifié par l'évêque constitutionnel de Marolles, Notre-Dame du Château fut fermée le 1er août 1791 ainsi que le cimetière y attenant. L'édifice fut démoli en 1798.

Non loin du petit cimetière du parvis de Saint-Crépin, il y en avait un autre beaucoup plus vaste qui, primitivement, dépendait de l'église de la Benoîte Madeleine, très ancienne et — dit-on — première paroisse de Château-Thierry. Cette église fut si maltraitée lors du siège du château, par Raoul, duc de Bourgogne, au xe siècle, qu'on dut la jeter bas. C'est sur ses ruines que Philippe le Bel, en 1306, édifia une chapelle pour le repos de l'âme de sa femme, Jeanne de Champagne, fondatrice de l'Hôtel-Dieu de notre ville.

Il est probable que le cimetière de la Madeleine ou de Saint-Crépin — on le désignait indifféremment sous l'un on l'autre nom — reçut des accroissements à travers les âges. Au jour de sa disparition, un plan en fut levé que nous avons

(1) Blanche d'Artois, au xiiie siècle, la fit réparer entièrement et en fit modifier certaines parties.

retrouvé dans les archives municipales. Sa contenance était alors de cinquante-quatre ares, vingt-trois centiares ; géométriquement, il avait à peu près la forme d'un trapèze dont la plus petite des parallèles était au midi. Le lecteur se rendra parfaitement compte, en examinant le plan que nous lui mettons sous les yeux, de sa situation et de ses limites. L'entrée longeait les bâtiments de la prison (ancienne chapelle de la Madeleine). Rappelons, pour fixer un point d'histoire, que tout près et en avant de cette entrée, on avait construit, au xve siècle, une porte fortifiée pour la défense du faubourg Saint-Martin.

Après la dévastation de l'église Saint-Crépin, le 4 novembre 1793, par les plus farouches révolutionnaires de Château-Thierry, qui n'épargnèrent aucun des reliquaires (1), quelques personnes pieuses recueillirent, aussitôt qu'ils furent partis, les ossements des saints épars sur les dalles et les remirent au curé, M. Baillot. Celui-ci les fit enterrer, secrètement, dans le cimetière de la Madeleine, *entre la Grande-Croix et le mur de la Chapelle.* Malheureusement, il ne prit pas soin de déterminer l'emplacement d'une façon assez précise ; des exhumations furent faites pendant les dernières années de la Révolution dans cette partie du cimetière ; aussi, lorsque le clergé de Saint-Crépin voulut, plus tard, retrouver le précieux dépôt, toutes les recherches qu'il fit faire demeurèrent infructueuses.

Par suite de la translation des ossements des cimetières de Notre-Dame du Château et de Saint-Martin, de l'augmentation

---

(1) Lors de la réunion des trois paroisses en une seule, les châsses et reliques de l'église Saint-Martin et de l'église du Château furent transférées processionnellement à l'église Saint-Crépin, devenue l'unique paroisse de Château-Thierry. Les châsses et reliques de l'église Saint-Martin étaient celles de Sainte Pétronille, Saint Boniface, Saint Laurent, Sainte Purpure, Saint Lucien, Saint Pacifique et Saint Abonde. Les reliquaires des églises Notre-Dame du Château étaient ceux de Saint Cénéric, Saint Hélain, Sainte Blaise, Saint Jean-Baptiste, Saints Timothée et Apolinaire, martyrs de Reims, et de Saint Charles Borhomée (1er août 1791). Archives Municipales.

PLAN *de l'Ancien Cimetière de la Madeleine, contenant 54 ares 23 centiares, dans lequel on propose d'ouvrir une Rue de 107ᵐ de long, sur 8ᵐ de large, qui conduirait de la Rue de la Madeleine à la Route de Soissons.*

A B   Rue projetée
C Entrée actuelle du Cimetière

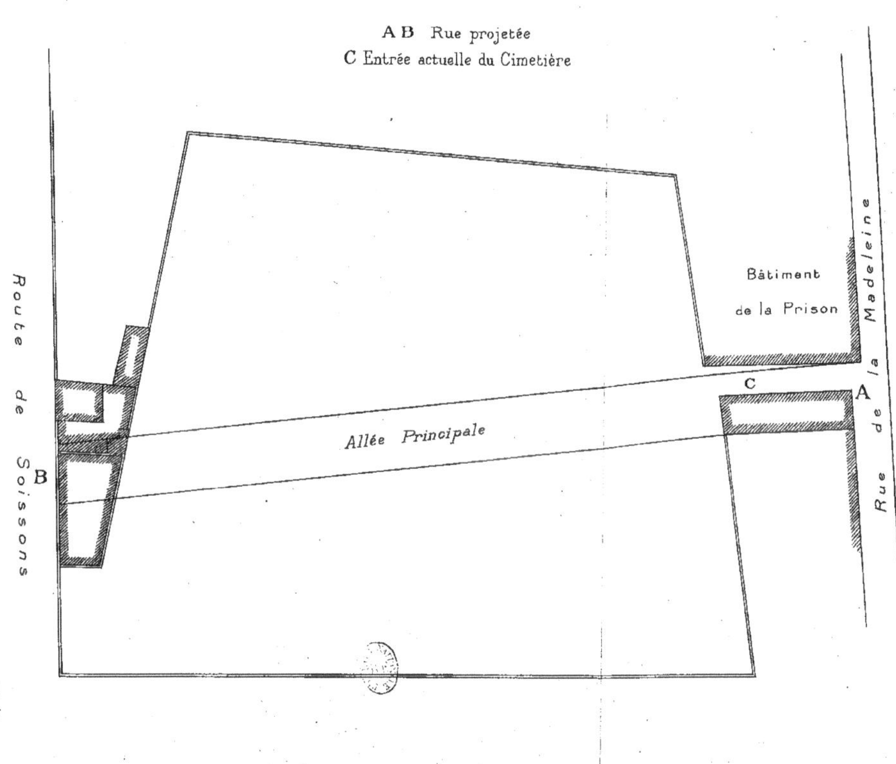

sensible de la population de Château-Thierry depuis un quart de siècle, le cimetière de là Madeleine devenait insuffisant. Il falait, de toute nécessité, ou l'agrandir ou le remplacer. D'autre part, les questions d'hygiène commençant à attirer l'attention des municipalités, sa situation en pleine agglomération urbaine finit par inspirer des craintes pour la santé publique.

Nos édiles se souvinrent fort à propos de l'une des clauses de la donation, faite à la ville par Napoléon Ier en 1813, du château et de son parc. Il avait été expressément stipulé qu'une partie du parc serait transformée en cimetière. L'occasion se présentait de remplir la clause essentielle de cet acte, on ne la manqua pas.

Un nouveau cimetière fut donc ouvert en 1834. Sa contenance était exactement de quatre arpents et demi. Ces mots : *quatre arpents* revinrent si souvent dans les discussions de l'assemblée municipale que le nom en resta à l'enclos. De quelqu'un qui mourait on disait alors et on dit même encore aujourd'hui, assez irrévérencieusement du reste : « Nous allons le conduire aux quatre-arpents » ; d'un malade qui a vainement épuisé toutes les ressources de la science médicale, on dit : « Il ne s'en refera pas, il est mûr pour les quatre-arpents. » Tant il est vrai qu'en toutes circonstances, même celles qui s'y prêtent le moins, notre bon peuple de France ne perd jamais ses droits à la gaîté.

Il ne suffisait pas d'établir un nouveau cimetière, il fallait encore en faciliter l'accès et pourvoir à ses dégagements. A cet effet, trois ans plus tard, une chaussée en empierrement fut construite qui traversait le parc, depuis l'allée conduisant à l'entrée de la nécropole jusqu'au pavé du faubourg de la Barre ; cette chaussée fut ensuite prolongée en sens inverse jusqu'à la route de Soissons (1841-1844) et elle reçut le nom de rue *de Fère*.

En 1845, la ville ayant à s'acquitter d'une dette importante, n'hésita pas à faire argent de ce qui restait du terrain de l'ancien parc du château, sans souci du décret impérial de

1813 qui lui imposait, entre autres obligations, celle de le convertir en pépinière. L'Empereur n'était plus là pour lui rappeler les engagements qu'elle avait pris et en exiger l'exécution.

Un étang qui avoisinait le nouveau cimetière et avait été creusé autrefois pour attirer et retenir dans ces parages les faisans qu'on élevait à l'intérieur du château, fut comblé en 1847 (1). Ainsi disparurent à tout jamais les derniers vestiges de ce parc aux futaies magnifiques, aux taillis giboyeux dont faisaient grand cas nos rois et nos seigneurs (2), où La Fontaine accompagna bien souvent dans ses promenades la belle et gracieuse duchesse de Bouillon, Marie-Anne de Mancini, laquelle se plaisait à stimuler la verve malicieuse et grivoise de son poète favori (3). Elle confessait volontiers son faible pour les *Contes*.

Que devint l'ancien cimetière de la Madeleine ? Après que, sur la demande des familles, la plupart des sépultures eussent été transférées dans le nouveau, la ville se préoccupa d'en lotir et aliéner le terrain, à l'exception toutefois de l'allée principale qu'elle fit élargir et transformer en rue pour faciliter les communications du quartier de la Madeleine avec la route de Soissons. En 1848, le Conseil municipal donna à cette nouvelle voie le nom du grand poète milonais, Jean Racine.

---

(1) Des ateliers de charité avaient été chargés de ces travaux de comblement, organisés par le Conseil municipal pour venir en aide aux ouvriers et leur procurer du travail pendant la mauvaise saison. (Archives Municipales.)

(2) L'adjudication des terrains du Parc rapporta à la ville une somme de 33.557 francs, dont elle avait grand besoin. (Archives Municipales.)

(3) Cette pauvre duchesse fut abominablement compromise dans la célèbre affaire des Poisons, en 1680. Accusée d'avoir voulu se défaire de son mari en lui faisant absorber les poudres préparées par la Voisin, elle comparut devant la Chambre ardente et s'y moqua agréablement des juges. A la Reynie qui lui demanda ironiquement si elle avait vu le diable chez les sorciers, elle répondit : « Je le vois, en ce moment, il est laid, vieux et déguisé en conseiller d'Etat... » Louis XIV interdit à la duchesse de reparaître à la Cour et l'exila à Nérac. (Lire *le Drame des Poisons* de M. Funck-Brentano.)

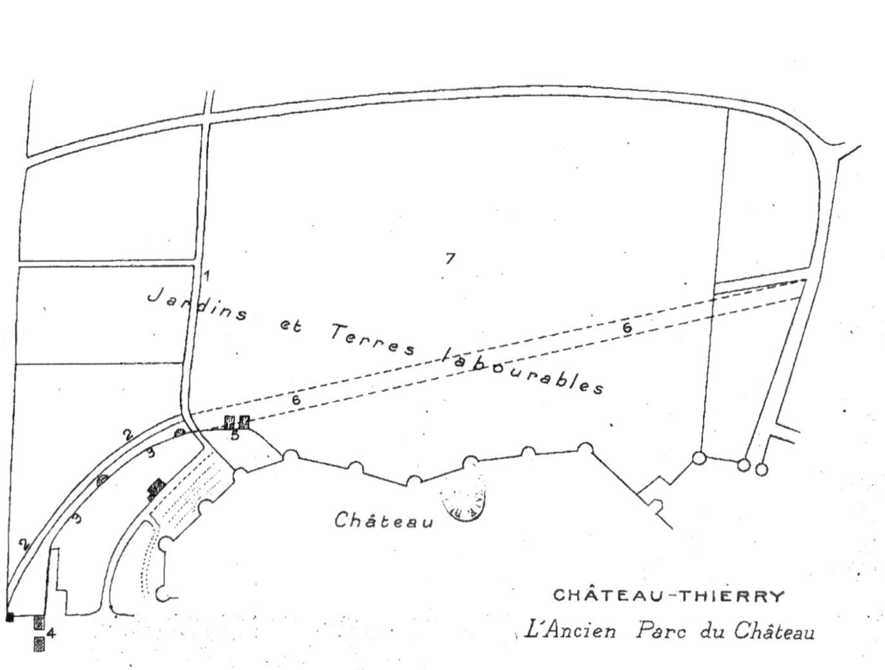

7
1
Jardins et Terres labourables
6
6
2
5
3
3
2
4
Château
CHÂTEAU-THIERRY
L'Ancien Parc du Château

NOMS ANCIENS ET MODERNES

1	*Ruelle des Cordeliers. — Ruelle des Fusilliers.*
2	*Ruelle des Arbalètres (1) disparue.*
3	*Remparts de la ville (vestiges).*
4	*Porte Saint-Crépin (2).*
5	*Porte de Beauvais (3).*
6	*Tracé de la rue de Fère.*
7	*Ancien parc du Château.*

*
* *

(1) L'ancien terrain où les arbalétriers avaient installé leur tir fut concédé en 1759, par un acte d'assemblée, à la Compagnie des Fusiliers. Ce terrain tenait d'un côté aux remparts de la ville, auprès du Couvent des Pères Cordeliers et d'autre côté à la ruelle qui conduisait au hameau des Chesneaux.

(2) Démolie en 1794.

(3) Démolie en 1799.

LA ROUTE DE SOISSONS.

> Dans un chemin montant, sablonneux, malaisé
> Et de tous les côtés au soleil exposé,
> Six forts chevaux tiraient en coche...

On a cru longtemps que ces premiers vers de l'une des jolies fables de La Fontaine s'appliquaient à la route de Soissons... tout au moins qu'elle les lui avait inspirés... On le croit même encore, car les légendes ont la vie dure. Bornons-nous à faire remarquer que, du vivant de notre fabuliste, cette route n'existait pas.

A cette époque, pour monter aux Chesneaux ou en descendre, il n'y avait, serpentant à travers prés, vignes et jardins qu'un étroit chemin, moitié sente, moitié ruelle, tout à fait impraticable aux coches et autres véhicules. La ruelle partait de la porte Saint-Crépin, et passant derrière le couvent des Cordeliers, menait à la sente des Chesneaux. Dans ce parcours, elle longeait, à gauche, un terrain dans lequel les arbalétriers avaient obtenu l'autorisation d'installer leur tir : d'où son nom de ruelle des Arbalètres. Pourquoi *arbalètres* et non *arbalètes*? Parce qu'au Moyen-âge on écrivait indifféremment *arbalestre* et *arbaleste*. Puis les deux mots donnèrent, par contraction, arbalètre et arbalète, et c'est ce dernier qu'on adopta au XIXe siècle pour désigner l'ancienne arme de nos milices bourgeoises... Quant à la sente dont il reste encore aujourd'hui trois tronçons, elle allait du couvent des Religieux et presque en ligne droite jusqu'aux maisons des Chesneaux parmi lesquelles on voyait encore les ruines de l'ancien palais de Charles Martel. On avait l'habitude de la désigner sous le nom de sente des Cordeliers.

Revenons maintenant à notre sujet. Les travaux les plus importants qui, pendant le cours du XVIIIe siècle, avaient été exécutés dans cette partie de la ville, c'est-à-dire entre le **bourg** et le **faubourg** Saint-Martin, se rapportent au percement d'une route allant rejoindre le grand chemin qui descend à Val-Secret. Jusque-là, lorsqu'on venait de Soissons, c'est par la Barre qu'on entrait dans Château-Thierry.

La colline des Chesneaux déroulait alors jusqu'à la porte Saint-Crépin le tapis si souvent rapiécé de ses cultures ; çà et là, les bourgeois de la ville s'y étaient taillé des jardins de rapport ou d'agrément. De la porte Saint-Crépin pour descendre à la Marne dont les eaux couvraient encore l'emplacement actuel des Allées et du Champ-de-Mars, existait un chemin dit Chemin de la Rivière qu'une énorme butte occupait en partie. Quatre rangs de marronniers couvraient la plateforme de ce tertre artificiel qu'une pente douce rendait accessible du côté de la ville ; posée sur quelques degrés de pierre, une grande et belle croix se dressait à son extrémité. C'était un calvaire que les bourgeois de la ville, sur les conseils et le désir de quelques Pères Jésuites venus à Château-Thierry, en 1708, pour y prêcher contre le relâchement des mœurs et réchauffer le zèle religieux de sa population, avaient édifié à leurs frais et de leurs propres mains, « les uns poussant la brouette, dit l'abbé Hébert, les autres portant la hotte, d'autres rangeant et affermissant les terres ».

La ville manquant de promenades, ce lieu en devint une et des plus fréquentées (1). La butte dominait, à l'est, les fossés en partie comblés des anciens remparts et, au midi, le chemin de halage ou, comme on disait alors, de tirage des bâteaux.

En 1751, Jean, Baptiste Huet, avocat au Parlement, Jean, Mathieu Potel, notaire royal, tous deux eschevins, et Pierre Le Seur, procureur-syndic de la commune, chargèrent M. François Naudé, arpenteur royal, *de procéder à la levée exacte de la place appelée le Calvaire, du fossé qui est à côté et de ce qui les environne, le tout situé près des fermetures de la*

---

(1) La pureté de l'air, l'agrément du site, la fraîcheur des ombrages en firent un rendez-vous pour les promeneurs ; on commença à le préférer aux solitaires allées du parc.

ville. Ce plan nous a été très obligeamment communiqué par M. Poupart d'Essômes et nous en ferons, à notre tour, profiter nos lecteurs. Le voici avec toutes ses indications. *(Voir plan n° 7.)*

La lettre A montre l'emplacement de la butte du Calvaire ; O, le chemin de halage ; R, la tour d'angle des fortifications au sud-ouest (ses ruines font, actuellement, partie de la propriété Gabiot); M est un carrefour pavé entre la rue de la Prison et la rue Saint-Crépin. En I, adossée au mur de clôture d'un jardin, la fontaine *Lamourette* qu'on a souvent confondue avec la fontaine *des Amourettes,* laquelle est située dans la rue Saint-Martin. E et P désignent les parties des fossés des remparts non encore comblées; B, D et C, les parties des fossés transformées en jardins ; S, les remparts de la ville; L, N, un petit canal recevant, pour les conduire à la rivière, les eaux de la fontaine Lamourette et du couvent des Cordeliers. F et G sont des bassins marécageux. Enfin, en V, la ruelle des Arbalètres.

Le travail de l'arpenteur terminé, nos eschevins décidèrent que la butte serait supprimée, qu'on en emploierait la terre à achever le comblement des fossés *(lettres E et P du plan)* et que la place qu'elle occupait serait mise au niveau du carrefour M, de façon à obtenir une vie spacieuse et régulière : ce qui fut aussitôt entrepris et réalisé et, jusqu'à la Révolution, cette voie porta le nom commémoratif de rue du Calvaire.

Ce fut là l'amorce, le point de départ de la route qu'on se proposait depuis plusieurs années d'ouvrir à travers la colline des Chesneaux. Les travaux commencèrent aux environs de 1760 et furent menés rapidement... trop rapidement peut-être, car lorsqu'elle fut livrée à la circulation, on s'aperçut qu'étant de pente fort raide, sur les deux tiers de son parcours, les voitures, à sa descente, couraient de gros dangers. Ce ne fut que cent ans plus tard qu'on remédia à ce grave inconvénient. Il s'était produit, vous n'en doutez point, un certain nombre d'accidents dans l'intervalle.

Donc en 1862 fut ouverte une nouvelle route qui, se soudant à la première par ses deux bouts, contournait les Chesneaux.

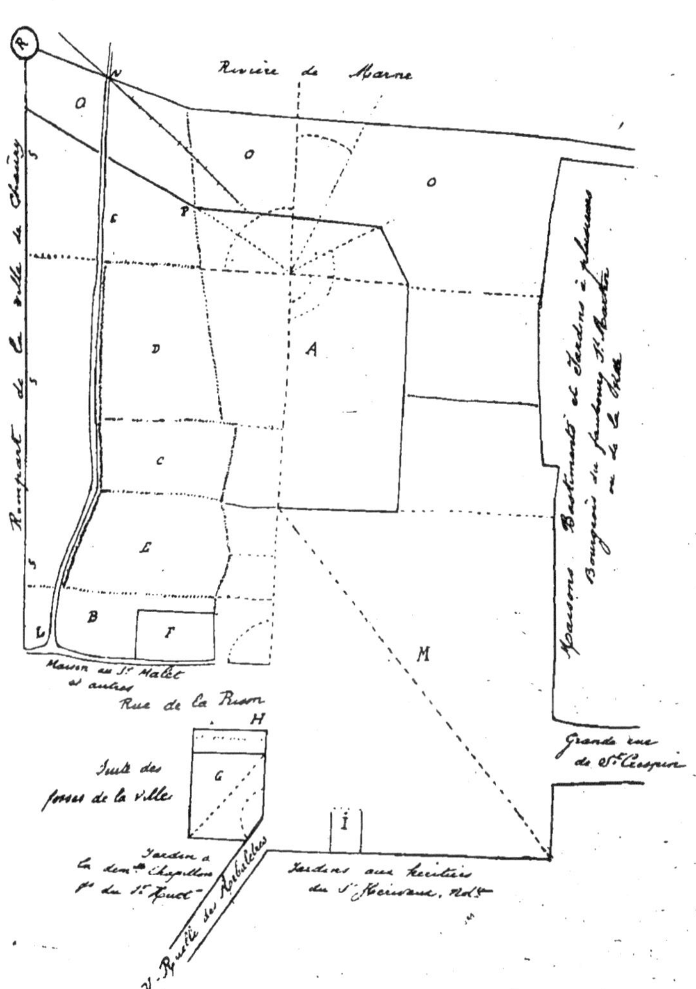

R
N
O
O
O
O
P
Rivière de Marne
Rempart de la ville de Chézy
C
D
A
C
E
B
F
L
M
Maison au S. Malet et autres
Rue de la Prison
H
G
Suite des fosses de la ville
I
Jardin à la dem. Chapillon p.l du S. Puet.
Ruelle des Rabateleux
Jardins aux héritiers du S. Marivaux, no 4
Grande rue de S. Crespin
Maisons Bâtiments et Jardins à plusieurs Bourgeois du fauborg S. Baudri ou de la ville

(Plan n° 7.)

Sur les plans actuels, elle porte le nom de Route nationale n° 37, de Château-Thierry à Béthune (1). Au début, elle porta le nom de *Route royale*. Il s'ensuivit que toute la partie intermédiaire droite abandonnée tomba dans le domaine de la petite voirie et devint chemin vicinal. Le trajet était, évidemment, beaucoup plus long, mais les voyageurs n'eurent plus à craindre de se rompre les os...

La construction de la route de Soissons ne se fit pas sans apporter de notables changements dans l'état des lieux. Tous les fossés des remparts, à l'ouest, furent comblés et la ruelle des Arbalètres qui les bordait d'un côté disparut. La fontaine Lamourette fut déplacée et reportée à l'un des angles de la rue de la Prison. A la longue, et par les soins des municipalités, toutes les ruelles du quartier des Chesneaux et de celui de la Madeleine, c'est-à-dire : à droite, la sente des Cordeliers avec ses bifurcations ; à gauche, le chemin du Buisson ou de la Croix-Vuide-Bourse, la ruelle des Fusiliers, la ruelle de la Madeleine furent appropriés, empierrés et raccordés avec la route de Soissons. Enfin, on commença à construire le long de la nouvelle voie, mais il ne fallut pas moins d'un siècle pour que de la Marne aux Chesneaux cette longue avenue se peuplât d'habitations et concourut avec ses sœurs, les Allées, les routes de Châlons et de Montmirail, à la beauté de la ville.

Pour en finir avec le faubourg Saint-Martin dont nous aurions voulu donner une étude plus complète, nous dirons qu'à la suite d'une pétition de ses habitants, le Conseil municipal le dota, en 1859, d'une place publique à l'usage des fêtes

(1) Les travaux de rectification de la route de Château-Thierry à Soissons ont fait découvrir au-dessus du cimetière actuel de la ville un ancien lieu de sépulture remontant à une antiquité très reculée.

Outre des cercueils en pierre et en plâtre, il fut trouvé des restes de poterie, des monnaies d'Aurélien, de Constance Chlore, de Maximilien Hercule et de Constantin Ier qui indiquent l'époque romaine, puis des armes, colliers, boucles de ceinturon, plaques émaillées et bijoux analogues aux objets trouvés en si grand nombre dans les sépultures des époques mérovingienne et carlovingienne, exhumées par M. Moreau. (Barbey, *Annales* 1884.)

du quartier et d'un marché qui devait s'y tenir le lundi de
chaque semaine. Dans la suite et pour ne pas faire double
emploi avec l'un des marchés de la ville, celui-ci fut reporté
au mercredi.

Dans le fond de la place, on perça un chemin qui alla
rejoindre la ruelle des Prêtres et fut ensuite prolongé par de
nouvelles acquisitions de terrain, à travers les Praillons,
dans la direction des Chesneaux. On donna à la place le
nom de place Saint-Martin, puis de place de Gerbrois, et au
chemin le nom de rue des Praillons, et de rue de Gerbrois.

**LES CHESNEAUX. — LE FAUBOURG DE LA
BARRE. — LES PETITS PRÉS. — LE FAUBOURG
DE LA POTERNE.** — Pendant très longtemps, les Chesneaux ont été plutôt un écart qu'un faubourg de la ville. Mais
depuis qu'on les a reliés directement à celle-ci, par la route
de Soissons, depuis que des maisons, dont un couvent d'une
certaine importance -- le Couvent bleu — y ont été construites en bon ordre d'alignement, d'un côté de la voie principale,
on peut, en dépit de l'octroi qui les en sépare, les considérer
comme faisant partie intégrante de la ville, au même titre
que les autres faubourgs.

Les Chesneaux ne possèdent qu'un souvenir historique
valant, par son ancienneté : celui d'une métairie et d'un palais
que Charles Martel y avait fait bâtir au VIIIe siècle. Un nom,
seul, les rappelle tous les deux, le *Mont Martel*, nom donné à
une cour (1) sur l'emplacement de laquelle on voyait encore,
il y a quelque quatre-vingts ans, des ruines témoignant par
leur style de leur antique origine.

____

(1) Cette cour se trouve presque à l'extrémité du hameau, vers l'Orient.
C'est sur son emplacement que s'élevait la métairie de Charles Martel.
Son palais ou maison de plaisance était situé un peu au-dessous, à l'angle
droit de la rue qui descend à la gare des Chesneaux.

NOMS ANCIENS ET NOUVEAUX

FAUBOURGS SAINT-CRÉPIN ET SAINT-MARTIN (Sous la Révolution : Faubourg de l'Égalité)

1	*Rue Saint-Crépin (sous la Révolution, rue de l'Egalité, 1793).*
2	*Carrefour et Eglise Saint-Crépin (sous la Révolution, carrefour de l'Egalité et temple décadaire, 1793).*
3 4	*Rue St-Martin* } *Rue du Vivier* } *Rue du Vivier-St-Martin. — Rue St-Martin (sous la Révolution, rue de l'Egalité, 1793).*
5	*Barrière de Paris. — Place de la Bascule.*
6	*Grand Chemin royal de Paris à Strasbourg. — Avenue de Paris. La Levée et les Allées. — Avenue Jules Lefebvre, du Palais de Justice à la Bascule.*
7	*Rue et Route de Soissons. — Avenue de Soissons.*
8	*Rue de la Madeleine (Rue Chalier, sous la Révolution, 1793).*
9	*Carrefour de la Croix Wuidebourse. — Carrefour de la Madeleine.*
10	*Rue des Petits-Champs.*
11	*Rue du Village Saint-Martin. — Rue du Village de l'Égalité.*
12	*Emplacement de l'Eglise et du Cimetière Saint-Martin.*
13	*Ruelle des Praillons.*
14	*Ruelle Chevalier.*
15	*Ruelle des Prêtres.*
16	*Ruelle Boyot.*
17	*Ruelle du Vivier.*
18	*Rû du Vivier.*

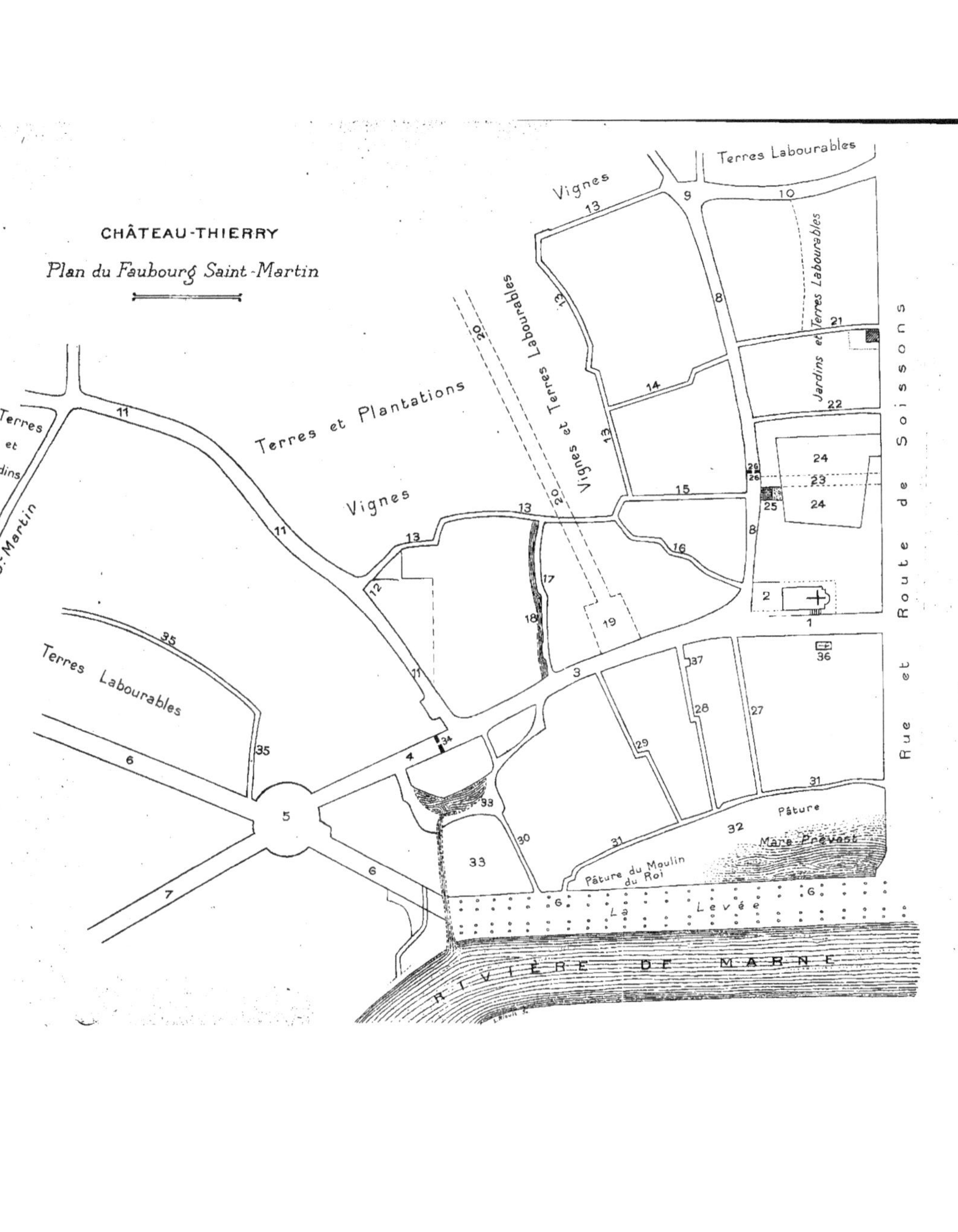

CHÂTEAU-THIERRY
Plan du Faubourg Saint-Martin
Terres Labourables
Vignes
Terres et Plantations
Vignes
Terres et Terres Labourables
Vignes et Terres Labourables
Jardins et Terres Labourables
Route de Soissons
Rue et
Terres
et
Jardins
s St Martin
Terres Labourables
Pâture
Mare Prévost
Pâture du Moulin
du Roi
La Levée
RIVIÈRE DE MARNE

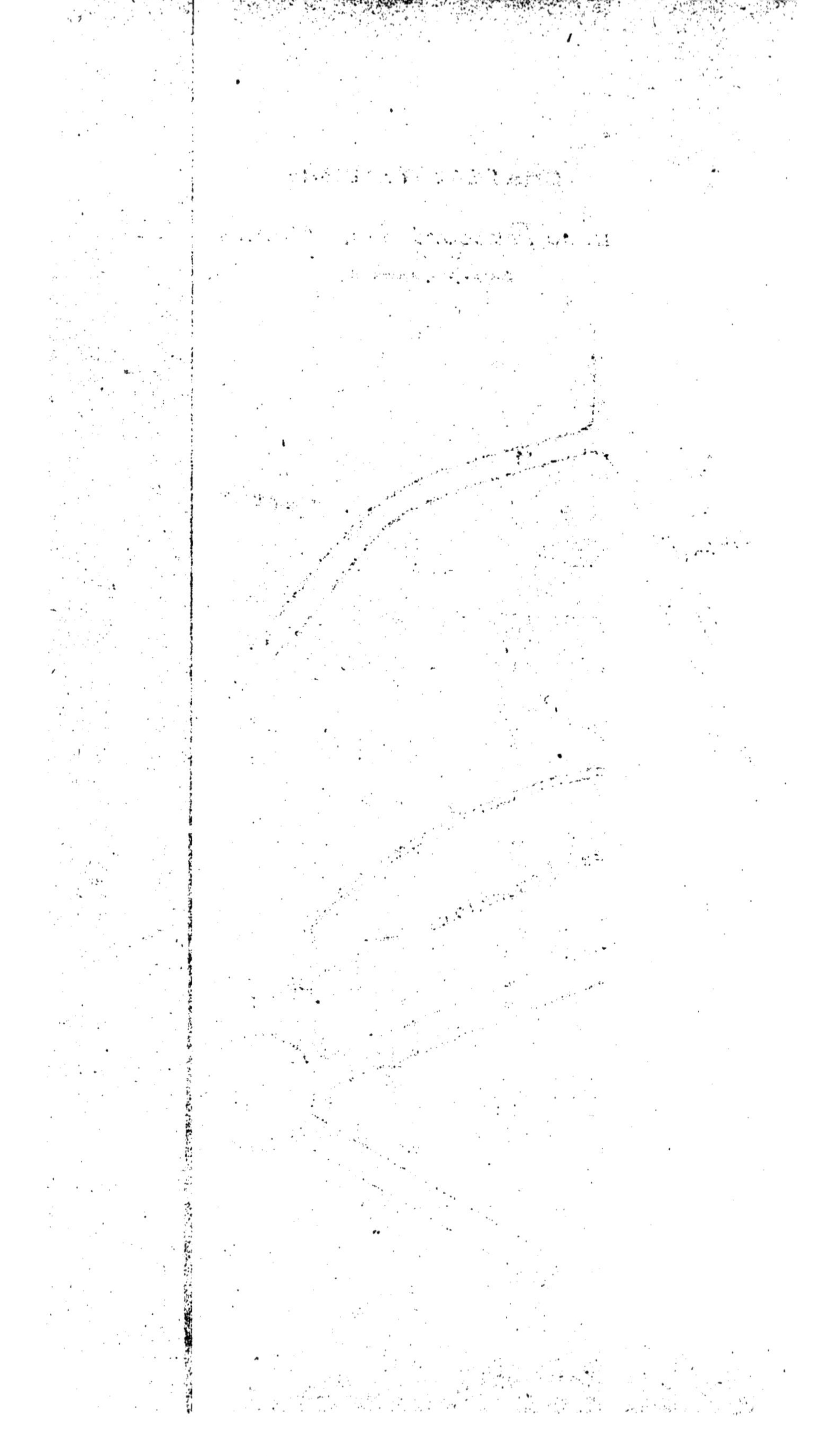

NOMS ANCIENS ET NOUVEAUX

19	*Place du Marché Saint-Martin. — Place de Gerbrois.*
20	*Rue des Praillons. — Rue de Gerbrois.*
21	*Ruelle des Fusilliers.*
22	*Ruelle de la Madeleine.*
23	*Rue Racine.*
24	*Emplacement du Cimetière de la Madeleine.*
25	*Chapelle de la Madeleine. — Hôpital. — Prison. — Ecole. — Bibliothèque municipale.*
26	*Emplacement de la porte de la Madeleine.*
27	*Ruelle Chanoine. — Ruelle Boudin.*
28	*Ruelle Latouche. — Ruelle Chauvet.*
29	*Ruelle Legret. — Ruelle Bruxelle.*
30	*Ruelle du Corps de garde. — Ruelle du Moulin du Roi.*
31	*Ruelle des Minimes.*
32	*Emplacement de la Mare Prévost.*
33	*Bâtiments, Écluse du Moulin du Roi.*
34	*Ancienne porte de ville, dite Porte d'Essômes.*
35	*Sente des Pâlis Saint-Martin.*
36	*Emplacement de la Chapelle des Minimes.*
37	*Fontaine des Amourettes.*

Le palais fut donné par l'un des comtes de Champagne à l'abbaye de la Barre. Les reines Blanche d'Artois et sa fille la princesse Jeanne l'avaient habité au xive siècle. Il est à remarquer que lorsqu'une reine ou autre princesse de moindre envergure s'appelait Blanche, l'imagination populaire s'en emparait pour en faire, après sa mort, un personnage fantômatique. Le palais de Charles Martel devint donc une maison hantée ; la Dame — on ne disait plus la reine — la Dame Blanche y faisait deux apparitions par an, et chaque fois, il en résultait quelque chose d'heureux pour les habitants de Château-Thierry.

De son vivant, Blanche d'Artois, dont la générosité égalait la piété, leur avait fait tout le bien possible. De là à croire que, devenue pur esprit, elle continuât à les couvrir de sa protection, il n'y avait qu'un pas. Rien de joli comme cette légende créée par la reconnaissance d'une ville à l'égard de sa bienfaitrice.

« Du palais de Charles Martel, il ne restait, en 1840, dit l'abbé Poquet, qu'une vieille et triste maison dont l'escalier, percé de plusieurs niches, conduisait à une espèce de mansarde formée par de grosses poutres et des pilastres qui saillissaient dans l'intérieur. La petitesse du lieu n'y donnait pas une grande idée du palais qui y fut jadis, mais tout le monde sait qu'à l'exception des forteresses, les premiers édifices de la race franque étaient fort peu considérables. »

Le quartier ou faubourg des Chesneaux est, aujourd'hui, limitée, dans sa partie basse, par la ligne du chemin de fer de Château-Thierry à La Ferté-Milon, ligne construite vers 1884 ; il n'en pourra tirer qu'accroissement et profit, dans l'avenir.

Si, de là, nous descendons au petit faubourg de la Barre et que, par la pensée, nous voulions bien nous reporter aux temps moyenâgeux, nous nous arrêterons, quelques minutes, devant toute une file de bâtiments que domine le clocher d'une chapelle. Nous avons, devant nous, l'ancienne *Maison-Dieu* ou hôpital de la Barre, fondée en 1211, par Guy, chapelain de Saint-Thibaud. Transformé en abbaye, vers 1236, par Cécile d'Arci, cet établissement religieux, assez richement doté, connut des jours prospères..., et, vers sa fin qui arriva en 1745, des jours joyeux, un peu trop, sans doute, au gré de son caractère. Comme nous en écrirons, un jour, l'histoire, bornons-nous à le situer. Le couvent et la chapelle — une petite merveille, dit-on, occupaient avec leurs dépendances, jardins et cimetière, tout le terrain qui, sur les plans de Villacrose, est désigné par ces mots : *Enclos de la Barre*.

Un peu plus loin, à gauche du chemin qui mène à Verdilly, existait pour l'isolement et le traitement des lépreux, un hôpital qu'avec l'appui et les libéralités de Thibaud le Jeune, les habitants de Château-Thierry avaient fondé au xiiie siècle. Il se composait d'un bâtiment pour les malades, d'une chapelle, d'une grange, d'un jardin et de seize ou dix-sept arpents de terres labourables en plusieurs pièces situées et assises à l'environ et à l'entour de la dite maladrerie (1).

En 1654, avec l'adhésion des eschevins et *des habitants convoqués au son de la cloche (cloche Balhan) en la manière accoutumée* — on aurait tort de croire que tout fut soumis au bon plaisir de nos seigneurs — la duchesse de Bouillon plaça à la tête de cette maison hospitalière des religieux de l'ordre de Saint-Jean-de-Dieu ou de la Charité (2). Depuis quelque temps déjà, grâce aux mesures énergiques prises pour combattre ce terrible fléau, la lèpre ne sévissait plus en France ; il était rare qu'on en signalât quelque cas. L'internement des lépreux dans des asiles écartés de toute agglomération urbaine avait enrayé la contagion, car on en vint au moment où malgré tout ce que ce système peut avoir de cruellement pénible dans sa stricte application, il fallut, comme on dit, faire la part du feu.

---

(1) Déclaration des biens et revenus de la Maladrerie de Château-Thierry le 4 janvier 1547. (Archives nationales.)

(2) Ces religieux étaient habillés de blanc, portaient un rochet sur leur soutane et un manteau lorsqu'ils sortaient. (Abbé Poquet.)

Le mal déraciné, on songea à tirer parti des léproseries préalablement désinfectées par les procédés de l'époque ; le plus pratique et le plus simple était de les transformer en hôpitaux ordinaires. C'est ce qui eut lieu, ici, grâce à l'initiative de la duchesse de Bouillon qui, du même coup, dédoubla la tâche assez lourde des Dames religieuses de l'Hôtel-Dieu. C'était, en même temps, toute une administration nouvelle à mettre sur pied, la nécessité d'établir de nouveaux règlements. On ne pouvait confier à des hommes à la fois plus experts et plus dévoués que les Frères de Saint-Jean-de-Dieu, la direction d'une semblable entreprise. De la duchesse ils avaient reçu mission de « *régir, gouverner et médicamenter les pauvres malades et blessés du sexe masculin, tant de la ville et faubourgs et autres qui s'y présenteront* »... Ils s'en tirèrent à leur honneur.

Nous nous permettons d'attirer l'attention du lecteur sur cette petite clause finale : *et autres qui s'y présenteront.* A la condition qu'il fût pauvre, on ne laissait pas à la porte celui d'où qu'il vînt, qui avait besoin, comme malade ou blessé, d'être secouru, et les formalités, pour le recevoir, ne devaient pas être aussi compliquées, aussi entâchées de mesquineries que celles dont nous nous prévalons à l'heure actuelle. Dans un régime quel qu'il soit, il y a toujours du bon et du mauvais, la sagesse exigerait qu'on ne repoussât point le tout en bloc.

Les bâtiments de l'ancienne Maladrerie (1) étaient si vieux qu'il fallait les réparer à tout instant ; leurs salles étaient de dimensions si étroites qu'on n'y pouvait hospitaliser beaucoup de malades ; bref, lorsqu'à force d'économies, les charitains furent en possession d'une somme assez importante, que des dons particuliers vinrent encore grossir, ils les firent jeter bas et construire à leur place cet édifice de style

---

(1) Ces bâtiments consistaient en quelques cabanes terrassées dont il reste encore quelques vestiges à l'entrée de la basse-cour. (Abbé Poquet.)

sévère, mais de belle allure qui nous est parvenu intact, en dépit d'événements dont tant d'autres monuments eurent à souffrir.

Outre les malades et les blessés, on soigna, à la Charité, les gâteux et les fous, puis, par ordre royal, sans doute, des chambres furent aménagées pour servir de prison d'Etat.

« Ce qui faisait la richesse de la Charité, dit l'abbé Poquet, c'étaient les personnes qui y étaient enfermées par *lettres de cachet*; aucune ne payait moins de 600 livres et plusieurs payaient beaucoup plus : la pension montait quelquefois à mille écus. »

Il est bon de dire que les prisonniers d'Etat étaient traités avec une certaine déférence. Ceux d'entre eux qui avaient de la fortune pouvaient — moyennant grasses finances bien entendu, — s'offrir une existence des plus confortables. Mais, comme le fait très justement observer Victorien Sardou, à propos de la Bastille (1) dont il cite les menus presque pantagruéliques : « Une prison est toujours une prison, si douce qu'elle soit, et la meilleure chère ne compense pas la perte de la liberté. »

Une curiosité bien compréhensible nous a poussé à rechercher les noms de ces victimes du pouvoir absolu, à connaître les motifs de leur incarcération. Malheureusement, nul n'a pu nous mettre sur la piste du dossier révélateur.

La Charité (2) fut, dans la suite, détournée de son affectation première. C'est, de nos jours, un asile pour les vieillards et les jeunes orphelins dénués de ressources. Des dames religieuses ont remplacé, pour la surveillance à exercer sur les pensionnaires et les soins à leur donner, les Frères de Saint-Jean-de-Dieu.

Situé au nord-est de Château-Thierry, sur la chaussée romaine de Troyes à Soissons, le faubourg de la Barre

---

(1) Légendes et archives de la Bastille, par Frantz Funck-Brentano, avec préface de M. Victorien Sardou.

(2) Cet établissement avait reçu, pendant la Révolution, le nom de : Hospice national.

existait déjà au XIIIe siècle, affirme je ne sais plus lequel de nos historiens locaux. J'ai pris cette note en passant et m'en excuse. Le même historien ajoute qu'il tirait son nom d'une redoute ou *barrière* placée devant le château comme première défense. Nous n'y contredirons pas ; des travaux récents ayant mis à jour, sur ce point, de très anciennes fondations solidement établies dans le sol, paraissent confirmer cette opinion. Il y eut là, certainement, un ouvrage militaire avancé, qui dut disparaître le jour où furent construites et armées de pied en cap la porte Saint-Pierre et la Basse-cour de la forteresse. (Voir : Nos Vieux Murs. Le Château de Thierry.)

De la Barre, nous gagnons *les Petits-Prés* et le faubourg de *la Poterne*, en longeant les murs des fortifications de la ville. Les *Petits et Grands Prés* — ceux-ci s'étendaient jusqu'au lieu dit *Les Garats*, à partir du Jeu de Paume — étaient une dépendance du château. Blanche d'Artois les donna à la jeunesse de Château-Thierry pour que celle-ci eut, à sa portée, un terrain où prendre ses ébats. Plus tard, vers l'an 1371, sous Charles V, une compagnie d'archers fut autorisée à y installer son tir ; mêmes autorisations furent accordées en 1481, sous le règne de Louis XI, aux arbalétriers, et en 1520 aux arquebusiers, sous celui de François Ier (*voir fig. 14*).

En 1752, sur la requête pressante des habitants, nos officiers municipaux et échevins décidèrent de transformer les Petits-Prés en promenade publique. A cet effet, la poterne Saint-Jacques et une partie des murs qui s'y rattachaient à droite furent démolis, les fossés des remparts, derrière l'Hôtel-Dieu, furent comblés et mis au niveau du chemin (aujourd'hui avenue Joussaume-Latour) qui allait du pavé de la Poterne aux Garats. Sur le terrain ainsi agrandi, on traça des allées qu'on planta d'ormes ; aux deux extrémités de la promenade, on éleva des barrières et on interdit aux bouviers des fermes voisines de mener leurs animaux au pacage dans les Petits-Prés, comme ils en avaient l'habitude. Le devis comportait, en outre, l'installation d'un jeu de paume, en bordure des Grands-Prés... Bref, d'améliorations en améliorations, — il serait puéril et fastidieux de les signaler toutes, car ce qu'il importe, en somme, de connaître, c'est la transformation initiale, ce qui change et bouleverse un lieu ou un site — *le Cours Amélie,* nom donné aux Petits-Prés après 1830, devint avec sa belle avenue, ses allées aux arbres centenaires, son jardin aux frais ombrages, l'une des promenades les plus agréables et les plus fréquentées de la ville.

(Fig. 14)   MAISON DES ARQUEBUSIERS

Cependant, ce n'est qu'en 1876, lors de la reconstruction de l'Hôtel-Dieu, qu'on jeta par terre deux des tours qui flanquaient les remparts de la ville. Les démolisseurs de 1752 les avaient respectées. On les remplaça par une grille monumentale, très belle assurément, et qui coûta fort cher, mais n'eût-il pas mieux valu qu'on laissât les choses en l'état ? Et puis, quel contre-sens qu'une grille sur le derrière d'un bâtiment ! Il est vrai qu'elle nous permet d'admirer la façade postérieure du nouvel Hôtel-Dieu dont la partie la plus originale et la mieux réussie, au dire qualifié de M. Frédéric Henriet, est la ligne d'arcatures de son soubassement. C'est, en effet, un morceau architectural de choix exécuté avec une belle maîtrise. L'édifice porte la signature d'un bon faiseur, à la fois praticien et artiste, M. Rouyer.

Nous avons retrouvé dans nos archives locales le compte rendu d'une fête donnée aux Petits-Prés le 14 juillet 1794, en souvenir de la prise de la Bastille. Les patriotes de Château-Thierry avaient élevé entre le Jeu de Paume et la grosse tour de l'Hôtel-Dieu, en guise d'autel de la Patrie, une énorme pyramide en terre avec escalier tournant fait de marches gazonnées, ornée d'emblèmes, couverte de fleurs, le tout surmonté du drapeau tricolore. Allusion flatteuse au parti le plus exalté et le plus en vogue de la Convention, ils avaient donné à cet ouvrage le nom de Montagne. On ne jurait alors que par la Montagne et on recherchait toutes les occasions de flatter la vanité de ses représentants.

Auprès du drapeau, une jeune fille, habillée en Minerve et parée des attributs de cette déesse, semblait attendre qu'on lui rendît, comme cela se faisait dans la Rome antique, les honneurs suprêmes. D'autres jeunes filles, en toilettes élégantes, se groupaient autour d'elle, sur les degrés inférieurs de la plate-forme, affectant l'attitude respectueuse qui convient à de simples mortelles en présence d'une divinité.

Le tout Château-Thierry révolutionnaire, district, municipalité et garde nationale en tête, avait pris, cette après-midi-là, le chemin des Petits-Prés. Oncques ne vit foule pareille, cérémonie plus imposante, fanfares plus éclatantes, chants civiques mieux conduits et mieux chantés, harangues plus vibrantes de patriotisme, formules de serments plus énergiques, et en même temps plus d'ordre et plus de calme. Minerve avait insufflé à tous sa sagesse.

La partie sérieuse du programme terminée, on passa, avec non moins d'enthousiasme, à la partie récréative et chacun prit sa part des réjouissances prévues : jeux de toute sorte, banquet et bal champêtre.

Cette fête eut un tel succès qu'on la renouvela le 10 août suivant, jour anniversaire de la déchéance de Louis XVI.

De nos jours, les Petits-Prés servent encore de cadre à nos fêtes locales : Fête Jean de La Fontaine, Quatorze Juillet, Comice agricole, etc. Sur le kiosque élevé il y a quelque 40 ans dans son jardin (1), nos sociétés de musique, l'été venu, donnent le dimanche des concerts qui sont très goûtés et très suivis. Le kiosque a été disposé de telle sorte qu'on pût, le cas échéant, y planter un décor. Artistes et amateurs y organisent d'intéressantes représentations lyriques et dramatiques.

L'esplanade de notre vieux château se prête également bien — nous devrions dire : mieux encore — à ces manifestations d'art. Un mois avant que n'éclatât l'horrible et exécrable guerre qui bouleverse l'Europe et a de si terribles répercussions dans l'univers entier, plusieurs comédiens de grand talent appartenant à la Comédie Française, à l'Odéon et au Vaudeville, y avaient, à l'occasion de la fête Jean de La Fontaine (2), sur une petite scène de verdure, dans le cadre le plus exquis qui se puisse voir, interprété quelques-unes des œuvres de notre illustre compatriote.

Au moment où nous traçons ces lignes, la bataille fait rage aux portes de Saint-Quentin ; d'autre part, nos vaillantes troupes viennent d'entrer, victorieuses, dans Coucy..., dans Coucy à jamais ruiné par les Barbares. Les Allemands, redoutant notre offensive, ont abandonné Noyon, Chauny. C'est le commencement de la libération de notre territoire. Quand renaîtra la douce paix ? Quand sonnera, pour les coupables, l'heure du châtiment...

Le petit faubourg de la Poterne n'est, à proprement parler, qu'un des quais de la Marne, allant de l'avenue Joussaume-Latour à l'octroi de Brasles. Au Moyen-âge il se composait, comme son vis-à-vis, le quai des Filoirs, de quelques maisons

(1) Ce fut l'un de nos plus aimables concitoyens, M. Albert Rep, qui fit édifier ce kiosque à ses frais.

(2) La première fête organisée en l'honneur du Fabuliste eut lieu le 2 juillet 1854. Aux souscriptions volontaires des habitants qui produisirent une somme de 2,412 francs, le Conseil municipal ajouta 300 francs.

de mariniers bâties proche le Pont, maisons qui furent démolies lors de la réfection totale de cet ouvrage en 1770 et du rétrécissement du lit de la rivière. Ce faubourg n'a joué, dans notre histoire locale, aucun rôle qui fut digne de quelque remarque ; il doit son nom à la petite porte ou poterne Saint-Jacques qui en donnait l'accès immédiat. Son unique ligne de maisons est coupée, à quelque trente mètres de l'entrée du quai, par le passage d'une cour connue depuis longtemps sous le nom de *Cour du Parlement*. Est-ce à cause des querelles et des échanges de propos malsonnants qu'eurent fréquemment, à un moment donné, les habitants des maisons riveraines au sujet de leurs droits respectifs sur la la cour et sur le passage que la malice publique lui décerna ce titre pompeux ? On nous l'a dit, mais on dit tant de choses... inexactes.

Pendant la guerre de Cent ans, lorsque Château-Thierry tomba, par trahison, au pouvoir des Anglais, les faubourgs de la Barre et de la Poterne furent brûlés. Seules, l'abbaye de la Barre et la Maladrerie restèrent debout au milieu de ce désastre. L'ennemi avait épargné ces deux maisons hospitalières ; l'une d'elles lui était fort utile d'ailleurs pour l'abri et les soins qu'y trouvaient et recevaient leurs blessés et leurs malades. Il n'eut pas le même respect pour les édifices du culte. Les églises Saint-Martin et Saint-Crépin eurent grandement à souffrir de son long séjour parmi nous. Il est rare que dans les guerres de conquête, on ne fasse pas un peu la guerre à la religion.

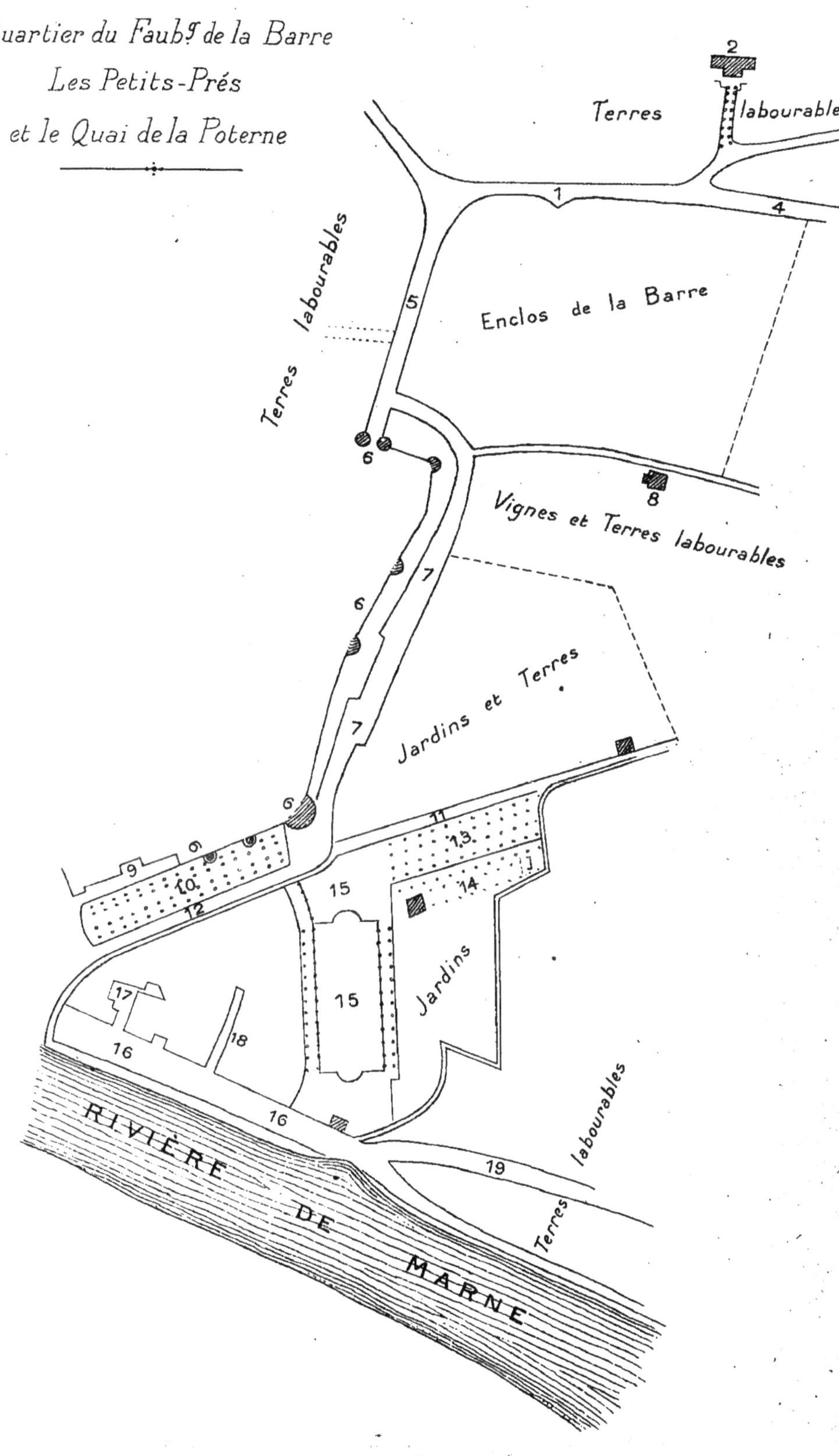

CHÂTEAU - THIERRY
Quartier du Faub.g de la Barre
Les Petits-Prés
et le Quai de la Poterne
Terres labourables
Terres labourables
Enclos de la Barre
Vignes et Terres labourables
Jardins et Terres
Jardins
Terres labourables
RIVIÈRE DE MARNE

NOMS ANCIENS ET NOUVEAUX

1-4	*Rue de la Charité à Brasles. — Faubourg de la Barre.*
2	*Hôpital de la Charité.*
3	*Chemin de Verdilly.*
5	*Rue de la Barre. — Faubourg de la Barre.*
6	*Porte Saint-Pierre et Fortifications de la Ville.*
7	*Chemin de Château-Thierry à Brasles. — Rue de la Barre.*
8	*La Folie-l'Abbé.*
9	*Cul-de-sac de l'Hôtel-Dieu*
10	*Promenade des Petits-Prés* } *Avenue Joussaume-Latour.*
12	*Rue des Petits-Prés*
13	*Cours Amélie. — Jardin des Petits-Prés.*
14	*Maison et Tir de l'Arquebuse. — La petite A.*
15	*Les Grands-Prés. — Le Jeu de paume.*
16	*Quai de la Poterne.*
17	*Cour du Parlement.*
18	*Cul-de-sac de la Poterne.*
19	*Chemin de Brasles. — Avenue de Brasles.*

CHAPITRE V

LES PONTS ET CHEMINS

La rivière de Marne

Que, du temps des Empereurs romains, il y ait eu, sur la Marne, un pont de pierre occupant le même emplacement que le pont actuel, nous n'y contredisons point. Lorsqu'en 1787 on arracha les fondations de l'arche sur laquelle s'élevait un moulin, on trouva une cinquantaine de médailles de bronze à l'effigie de Jules César, d'Auguste et de Tibère.

Ce pont, dit l'abbé Hébert dans ses *Mémoires*, était nécessaire pour que le chemin suivi par les troupes romaines qui se rendaient de la première Lyonnaise dans la Belgique, par Soissons, ne fut pas interrompu.

On prétend, d'autre part, que les comtes de Champagne restaurèrent cet ouvrage, au xiie siècle. Soit ; cette restauration est vraisemblable. Mais que ce pont ait été entièrement démoli et remplacé par un autre sous le règne et par les ordres de François Ier, voilà où nous ne sommes plus d'accord avec l'abbé Hébert et l'abbé Poquet.

Si, comme ils l'affirment, le pont avait été refait à neuf à cette époque, il eût fallu jeter bas les divers bâtiments et édifices qu'il supportait, entre autres la chapelle Saint-Nicolas, laquelle était assise sur la dernière arche, à l'entrée du faubourg d'Outre-Marne. Or, cette chapelle, construite en 1336, existait encore telle quelle en 1768.

Les travaux entrepris sous François Ier consistèrent, à notre avis du moins, en réparations et remaniements. D'abord le pont fut diminué de longueur, ce qui entraîna la démolition de la vieille porte Saint-Jacques et sa réédification dans le style du XVIe siècle sur un point plus rapproché de la première arche. Puisque le pont n'allait plus jusqu'à elle, il fallut bien qu'elle vînt jusqu'à lui. Devant les remparts de la ville, on avait précédemment construit une sorte de chaussée qui diminuait d'autant la largeur de la rivière. Enfin, entre la grande porte et la poterne, on bâtit, pour le renforcement de la défense, une tour de forme carrée, munie de créneaux et de machi-coulis (1).

Tout cela coûta très cher, et quand vint le moment redouté mais fatal de payer les entrepreneurs, la ville se trouva fort embarrassée, la dépense dépassant de beaucoup les ressources dont elle disposait. Aussi le roi l'autorisa-t-il, par lettres patentes, à prélever, pendant six ans, un impôt de 40 sols tournois, puis de 4 livres tournois sur chaque muid de sel qui se vendait à Château-Thierry. Les sommes recueillies se trouvant encore insuffisantes, on frappa d'un droit d'octroi la chambre à sel de Fère-en-Tardenois. Quant à l'Etat, nous ne savons pas pour quelle part il intervint, ni même si, dans cette circonstance, il daigna prêter à la ville son concours financier.

Le pont de Château-Thierry, long d'un peu plus de 40 toises (78 mètres environ) avait alors neuf arches, plus un pont de bois mobile entre la troisième et quatrième arche, à partir de la rive droite. Ces indications et les suivantes nous sont fournies par un plan levé en 1716. Son auteur, M. Duplessis, ingénieur de province pour la Généralité de Soissons, avait été chargé d'établir un devis des réparations et de présenter

---

(1) On lui donna le nom de *Tour de l'Arsenal* (autrefois on écrivait et on prononçait *arsenac*) : elle renfermait une partie du matériel de guerre destiné à la défense de ce quartier de la ville. C'était un dépôt d'armes à feu telles que arquebuses à croc ou à rouet, coulevrines à mains et mousquets.

(*Fig. 15*) PLAN ET ÉLÉVATION DU PONT DE CHATEAU-THIERRY EN 1716

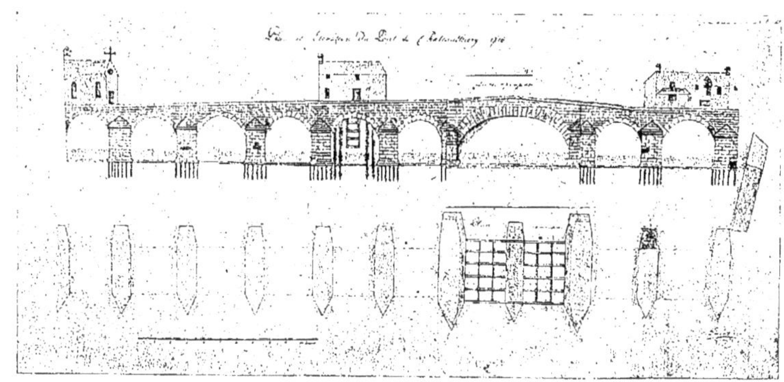

(Fig. 15 bis) ARCHE MARINIÈRE (Projet Duplessis)

un projet d'arche marinière plus commode et plus large, en remplacement du tablier mobile sous lequel passaient les bateaux.

(Fig. 16.)   PORTE DE LA VILLE
(devant l'ancien pont).

Dessinée par un architecte d'après l'estimation qui en a été faite le 8 octobre 1766 par M. Lhomet, sous-inspecteur des Ponts et chaussées de la Généralité de Soissons. Le passage de la porte avait 3m40 de largeur sur 5m33 de hauteur.

Sur la première arche (voir fig. 15), on voyait encore l'une des maisons qui occupaient l'un des côtés du pont lorsque Mayenne vint assiéger Château-Thierry en 1591 ; sur la troisième arche, une petite porte à l'état de ruine, sur la cinquième, un moulin qui, en même temps que le moulin du roi avait été frappé d'une redevance en nature au profit des clercs de la Basoche. Enfin au dessus de la neuvième et dernière arche s'élevait la chapelle dédiée à Saint-Nicolas (1).

Le dessin du frère Romain que nous reproduisons à la suite des plans de notre ingénieur et qui fait partie du même dossier, aux archives départementales,

_____

(1) Bâtie au XIVe siècle par Gautier de Montigny et Agnès sa femme. La chapelle des Toussaints qui s'y accolait avait été fondée un peu plus tard par les familles Hennequin et de Hacqueville.

n'est autre chose que la copie d'une vue plus ancienne et plus complète. Outre le pont, nous y voyons figurer la grande porte de ville ou porte Saint-Jacques. La porte de ville, refaite sous François Ier, avait deux étages, un pont-levis, des meurtrières ; son toit en forme de pyramide était recouvert d'ardoises. Un écusson aux armes de la ville s'encastrait dans la façade, au dessus de l'entrée (1). Plus tard, au XVIIIe siècle, nous constatons qu'elle n'a plus qu'un étage percé de meurtrières en croix pattée (*voir fig. 16*), dernier souvenir de son ancienne défense.

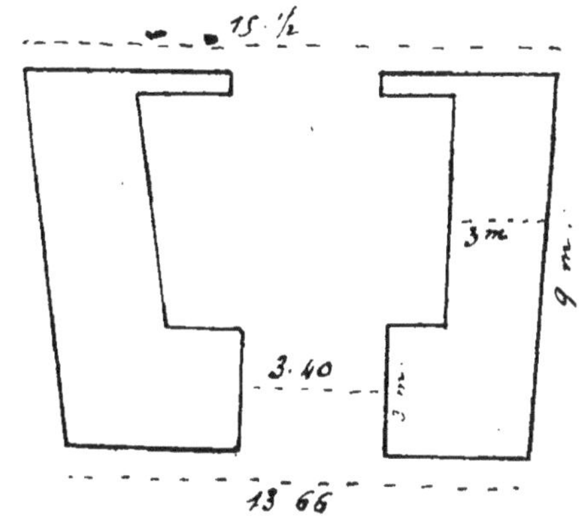

(*Plan n° 8*)   PLAN DE LA PORTE

Le fossé qui la précédait avait été comblé et le pont levis avait disparu. La nuit venue, on la fermait à l'aide de vantaux maintenus par des barres...

Beaucoup mieux qu'une description qui n'omettrait aucun détail, les pièces authentiques que nous plaçons sous les yeux du lecteur lui permettront de se rendre compte aussi exactement que possible de ce que fut le pont de Château-Thierry du commencement du XVIe siècle à la fin du XVIIIe. Comme dans tous les ouvrages similaires du moyen-âge, le souci de la défense l'avait emporté sur les autres et les intérêts de la navigation s'en étaient grandement ressentis.

*
* *

(1) Godefroi, Maurice, duc de Bouillon, vint à Château-Thierry le 16 septembre 1657, accompagné de plusieurs de ses frères et de l'une de ses sœurs qu'on appelait Mlle de Bouillon. On avait mis ses armoiries partout où il convenait et particulièrement sur la porte qui était au devant du Pont. Au dessus de son entrée, on avait sculpté trois tours et un houx à côté, avec ces mots : « Nul ne s'y frotte », devise favorite de la maison de Bouillon. (*Archives de la Ville*).

Les abords du pont de Château-Thierry étaient à bon droit et depuis fort longtemps redoutés des mariniers, tant à cause des remous violents qui s'y produisaient que de la difficulté qu'ils éprouvaient à franchir, sans accident, l'arche avalante. Quand les réclamations devinrent trop nombreuses et trop pressantes, l'Administration se décida à agir ; nous venons de voir qu'elle chargea un ingénieur d'étudier et de solutionner le problème.

Le projet d'arche marinière présenté par Duplessis obtint l'agrément des pouvoirs publics et fut aussitôt exécuté. Or, il advint que, quelques années plus tard, en 1723, l'Intendance eut maille à partir avec la ferme des Sels, à propos de cet ouvrage. La Généralité de Soissons avait alors, à sa tête, un homme de valeur, M. Orry, qui n'entendit pas s'en laisser imposer par un adversaire dont la bonne foi s'était si souvent trouvée en défaut.

Les Fermiers généraux soutenaient qu'en l'état actuel des choses, il était impossible à leur voiturier, un sieur Beaucreux, de faire remonter la Marne aux bateaux chargés de sel, sans courir les plus grands risques. L'arche marinière du pont leur était funeste, son radier, mal construit, devait, à leur avis conforme au dire du sieur Beaucreux, être abaissé de plusieurs pouces, etc. M. Orry écrivit à M. Dubois, directeur général des Ponts et chaussées, pour le mettre au courant de cette affaire et lui dire que, personnellement, il ne s'opposait pas à ce que Messieurs les Fermiers généraux fissent faire les travaux qu'ils jugeraient nécessaires, à la condition toutefois qu'ils en soldassent les frais, « *n'étant pas juste, ajoutait-il, en soulignant, que la Province payât leur fantaisie et leur complaisance pour Beaucreux.*

Et voilà précisément le fin mot de l'histoire. Le voiturier Beaucreux, si nous en croyons la correspondance échangée entre l'Intendance et la Direction générale, avait le plus grand intérêt à décharger à Château-Thierry ses bateaux de sel. Bon an, mal an, il retirait de cette petite opération — grâce

PONT DE CHÂTEAU-THIERRY AU XVIᵉ SIÈCLE
L. Rioult Sc.

aux Fermiers généraux qui la lui faisaient obtenir à titre d'indemnité — la somme rondelette de 9,000 francs. Il en dépensait environ 2,000 pour les transport et rechargement du sel de l'autre côté du pont et... mettait le reste dans sa poche... beaucoup plus avalante que l'arche incriminée.

Une première expérience lui donna raison. De trois bateaux chargés de terre qui essayèrent de passer sous le pont, le premier fut fendu en deux et les autres sérieusement endommagés. Beaucreux triomphait. L'administration ne se tint point pour battue, soupçonnant le protégé des Fermiers généraux de n'être pas demeuré tout à fait étranger à ce triple accident. Une commission fut nommée qui se rendit dans notre ville où une seconde épreuve allait être tentée en sa présence. Cette commission se composait d'un ingénieur, d'un fermier général, de trois experts — dont le maître du pont de Château-Thierry — nommés par le Prévôt des Marchands de Paris. Elle constata que le radier avait été établi à la hauteur voulue et construit selon toutes les règles de l'art, que les bateaux pouvaient, sans l'ombre d'un danger, remonter sous le pont, en pleine charge ; enfin elle apprit, au cours d'une enquête, que plusieurs voituriers avaient offert aux Fermiers généraux de prendre le marché de Beaucreux aux mêmes conditions et de transporter le sel sans exiger la moindre indemnité. Ces Messieurs avaient repoussé leurs offres. Ils enaient à Beaucreux qui, sans doute, leur avait rendu quelques-uns de ces petits services dont la prudence la plus élémentaire exige qu'on ne perde pas le souvenir.

Je n'ai pu savoir comment se termina cette affaire — le dossier ne renfermant que des lettres et des rapports, — mais il serait surprenant qu'elle n'eût point tourné à la confusion de la Ferme des sels et de son homme à toutes besognes.

*
* *

Depuis plus de deux siècles, les débordements de la Marne (1) avaient fort endommagé le pont de Château-Thierry. Déjà, en 1759, il avait si cruellement souffert d'une inondation récente que La Fontaine adressa, sous la forme d'une ballade, à M. Fouquet, le surintendant des Finances, une requête pressante au nom de la ville de Château-Thierry :

POUR LE PONT DE CHATEAU-THIERRY

Dans cet écrit, notre pauvre cité
Par moi, Seigneur, humblement vous supplie
Disant qu'après le pénultième été
L'hiver survint avec grande furie :
Monceaux de neige et gros randons de pluie.
Dont maint ruisseau croissant subitement
Traita nos ponts bien peu courtoisement ;
Si vous voulez qu'on les puisse refaire,
De bons moyens j'en sais certainement ;
L'Argent sur-tout est chose nécessaire.

Or d'en avoir c'est la difficulté,
La Ville en est de longtemps dégarnie.
Qu'y ferait-on ? Vice n'est pauvreté :
Mais cependant, si l'on n'y remédie,
Chaussée et pont s'en vont à la voirie.
Depuis dix ans, nous ne savons comment

(1) Les crues les plus importantes dont l'histoire locale ait gardé le souvenir se sont produites aux dates suivantes : 1573, 1649, 1658, 1725, 1728, 1740, 1784. Chaque fois, l'eau couvrit les quais, inonda les Petits-Prés, se répandit dans le Faubourg de Marne, la rue du Pont, le Bas-Village, obligeant les habitants à quitter le rez de chaussée de leurs maisons et à se réfugier au premier étage.
Il était rare qu'une crue ne fut pas suivie d'une disette. Ainsi en 1740, la population — lisons-nous dans un registre de la paroisse Saint-Crépin — ne vécut que de pain d'avoine, de pois, de fèves, de lentilles, de vesse et de son pur, lequel se vendait chez les boulangers deux sols, six deniers la livre. Le bled valut jusqu'à 9 francs le pichet et même 9 livres dix sols. Le temps où la misère a été la plus grande dans cette ville, a été pendant les mois de novembre, décembre 1740 et janvier 1741, parce qu'il était défendu de passer des grains d'une Généralité à l'autre.

La Marne fait des siennes tellement
Que c'est pitié de la voir en colère...
Pour s'opposer à son débordement (1)
L'Argent surtout est chose nécessaire.

Si demandez combien en vérité
L'œuvre en requiert, tant que soit accomplie
Dix mille écus en argent bien compté
C'est justement ce de quoi l'on vous prie,
Mais que le prince en donne une partie,
Le tout, s'il veut, j'ai bon consentement.
S'il ne le veut, afin d'y satisfaire,
Aux échevins on dira franchement :
L'Argent sur-tout est chose nécessaire.

ENVOI :

Pour ce vous plaise ordonner promptement
Nous être fait du fonds suffisamment :
Car vous savez, Seigneur, qu'en toute affaire :
Procès, négoce, hymen ou bâtiment,
L'Argent sur-tout est chose nécessaire.

Plût-il à Fouquet d'allouer les dix mille écus que lui demandait le poète ? Nous l'ignorons. Il ne dut pas, cependant, rester sourd à sa prière, La Fontaine étant un de ses grands amis.

Le moment vint où la réfection totale de cet ouvrage s'imposa : il en était du pont comme d'un vieil habit qu'on a maintes fois raccommodé et qui finit par céder de toutes parts. Ce moment est celui où furent accomplis divers grands travaux d'intérêt à la fois général et local qui changèrent l'aspect de la ville dans quelques-unes de ses parties, en rendirent

(1) La Rivière de Marne était très dangereuse sous le pont de Château-Thierry mais il n'en est plus ainsi depuis qu'on a construit une digue et qu'en 1759 on a creusé un canal qui sert de décharge aux eaux de cette rivière lorsqu'elles sont trop abondantes. (Note de l'éditeur.)

l'accès plus facile et plus agréable. Ce qu'il y a de remarquable dans ces travaux, en dehors de l'intelligence qui préside à leur exécution, c'est qu'ils présentent un enchaînement des plus logiques, l'un étant la conséquence inévitable de l'autre. Château-Thierry retira de leur ensemble d'énormes avantages.

1753-1758. — Modification de l'ancien tracé du chemin allant de Paris en Allemagne, lequel passait par Chézy, Nogentel, Etampes, Chierry, etc. De l'Hôtel de la poste, situé dans le faubourg de Marne, on envoyait des chevaux à Etampes pour le relais. Ils suivaient la chaussée Brunehaut dont les 22 arches permettaient l'écoulement des eaux de la plaine, au temps des fortes crues.

Quand les terres étaient sèches et les chemins de la plaine praticables, les diligences et autres voitures se dirigeaient de Nogentel vers le Bas-Village, puis, par la rue du même nom, entraient dans le faubourg et relayaient à la poste. De là, par la rue de la Sonnerie, la rue des Filoirs et par un chemin qui, après avoir côtoyé la Marne, remontait vers Chierry, elles regagnaient la grande route.

En dehors des inconvénients que présentait l'un ou l'autre de ces itinéraires, il leur fallait, entre Meaux et Château-Thierry, passer deux fois la Marne en bac, une première fois aux environs de La Ferté-sous-Jouarre, en face de Luzency, et une seconde fois, près du village de Romeny. Le mauvais état des routes nécessitait l'envoi fréquent d'un assez grand nombre de chevaux au secours des coches embourbés. Aussi, par les temps moyens, mettait-on deux ou trois jours pour venir de Paris jusqu'ici.

En 1753, le projet de remaniement et d'amélioration de la grande voirie qui avait été élaboré par un ancien intendant de Soissons devenu ministre d'Etat, M. Orry, le même que nous venons de voir aux prises avec la Ferme des sels, sortit enfin des cartons de l'administration compétente, dans lesquels il sommeillait depuis 16 ans. De ce projet nous ne retiendrons que ce qui concerne Château-Thierry. Ce fut, comme toujours, la corvée qui fournit la main-d'œuvre et en 1758, tout était fini.

La nouvelle route, tracée à droite de la Marne permettait d'éviter les bacs ; elle venait aboutir à Château-Thierry, après avoir traversé les villages de Montreuil-aux-Lions et de Vaux. Les voitures pénétraient dans la ville par le faubourg Saint-Martin et se rendaient à l'Hôtel de la Poste par la Grande rue, la rue du Pont et le pont de Marne. Elles avaient ensuite le choix, pour atteindre Chierry, entre la chaussée Brunehaut et le chemin des Filoirs. Donc, rien de changé à la sortie. Et pourtant, il était désirable qu'on modifiât également ce tracé et qu'on ouvrît une nouvelle voie plus directe et plus sûre. L'administration l'avait si bien compris que de nouveaux plans furent dressés qui obtinrent l'approbation des pouvoirs publics, et, sans différer, on se mit à la besogne.

1758-1762. — La chaussée Brunehaut (1) fit place à une magnifique avenue plantée d'ormes qui alla, en ligne droite, rejoindre le chemin de Montmirail et de Sézanne. Plus large encore que cette avenue, une nouvelle route, parallèle à la Marne mais suffisamment distante de cette rivière pour que tout danger d'inondation fût écarté, coupa en deux parties inégales la Seigneurie d'Etampes, reliant notre ville au hameau de Chierry. On lui donna le nom de route de Paris à Châlons (2). Un chemin se dirigeant vers Chézy fut légèrement esquissé à travers la plaine, dans l'une des parties occupées jadis par la forêt d'Anjou.

Au point de jonction des deux routes et du chemin dont nous venons de parler, on dessina une lune ou plate-forme

---

(1) Les chaussées Brunehaut sont des monuments bien remarquables. Elles se divisent en trois branches. La première passait à Oulchy et conduisait à Château-Thierry. (Abbé Poquet.)

Des savants ont prétendu que Brunehaut, protectrice de la civilisation romaine, n'avait fait que réparer les chemins des maîtres du monde.

(2) Aujourd'hui avenue de la République.

circulaire qui fut désignée, nous ne savons pas trop pourquoi, sous le nom de *Demi-Lune*, puis de la *Nouvelle-France* (1). On l'appelle aujourd'hui *Place Carnot*.

Enfin, dans le but de combattre les débordements de la Marne, but qu'il était plus louable de poursuivre que facile d'atteindre, on creusa, à l'extrémité du faubourg, un peu au-delà de la Belle-Croix, un canal de dérivation des eaux ou Fausse-Rivière sur lequel on construisit un pont de pierre à trois arches dont le radier fut solidement assis sur une couche profonde de matériaux provenant du défoncement de la chaussée romaine. En même temps, on exhaussa dit-on, de plusieurs pieds la chaussée du faubourg de Marne.

Grâce à l'obligeance d'un de nos aimables compatriotes, M. Poupart, d'Essômes, nous pouvons donner de ces derniers travaux le plan très détaillé qu'en dressa, au mois de juillet 1781 Me François Naudé, arpenteur royal en la ville et baillage de Chaûry, à la réquisition de Messieurs Jacques-Michel-Philippes des Petits-Monts et Jacques-Michel-Philippes de Moucheton, écuyers seigneurs bailleurs fonciers et directs des fiefs, terre et seigneurie d'Etampes. Cette pièce devait servir de base à la réclamation que les dits seigneurs se proposaient de porter devant le Conseil du Roy pour obtenir juste réparation du dommage que leur avait causé l'ouverture des routes de Montmirail et de Sézanne, de Paris à Châlons, le creusement pour partie de la Fausse-Rivière et l'établissement de la Demy-Lune, sur les fiefs et seigneurie d'Etampes.

Ces changements en amenèrent d'autres à l'intérieur de la ville. Pour en faciliter l'accès et le parcours des rues aux voitures, on sacrifia la porte d'Essômes qui, au point de vue

---

(1) Le quartier de la Nouvelle-France faisait partie de la commune d'Etampes bien qu'il fut à une distance de près de 2 kilomètres de ce village. Vers 1840, sur un vœu émis par le Conseil d'arrondissement, il fut réuni à Château-Thierry.

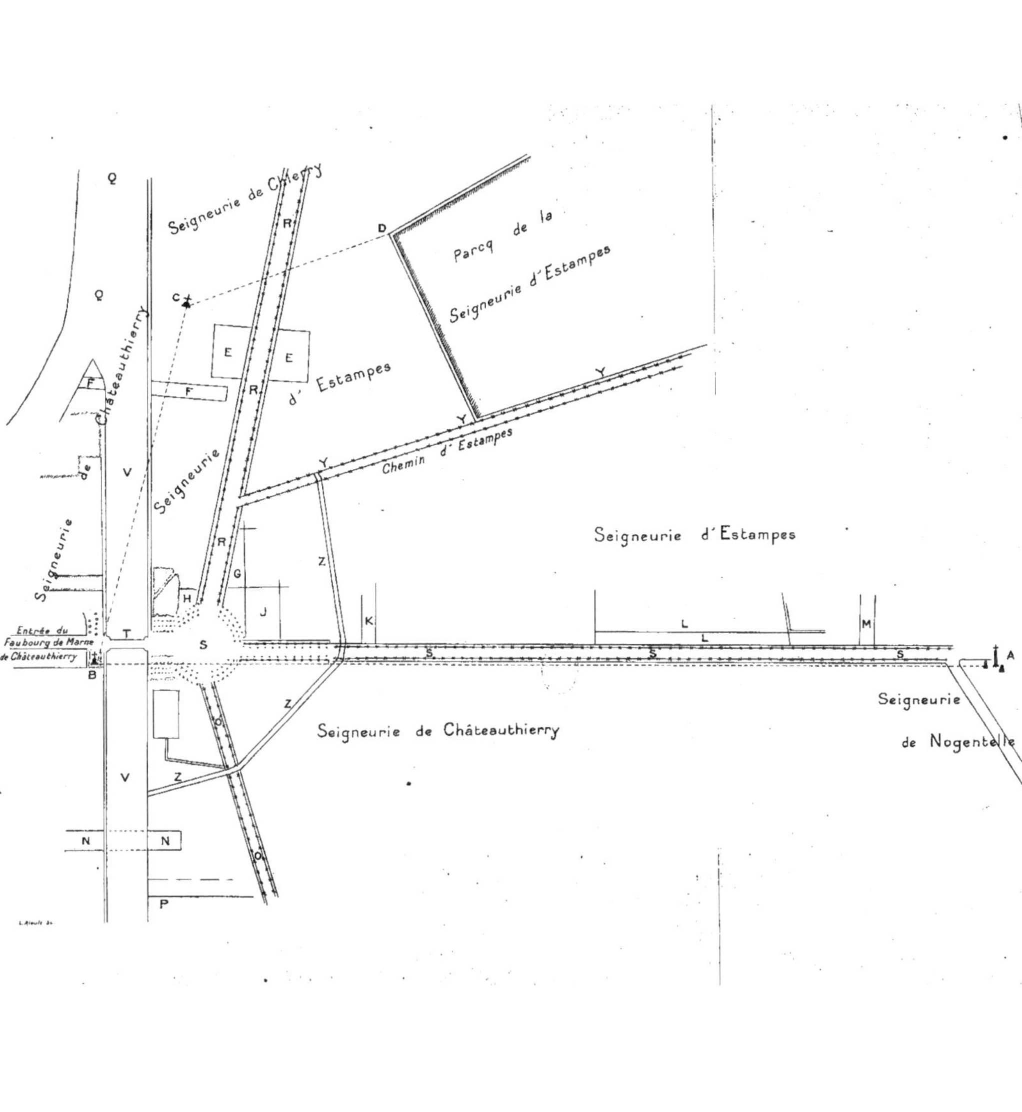

Q
Q
Seigneurie de Thierry
R
D
Parcq de la
Seigneurie d'Estampes
C
E
E
F
R
d' Estampes
F
Seigneurie
Y
Y
Chemin d' Estampes
Y
Seigneurie de Châteauthierry
Seigneurie d'Estampes
R
Z
G
H
J
K
L
L
M
Entrée du
Faubourg de Marne
de Châteauthierry
T
S
S
S
S
A
B
Z
Seigneurie de Châteauthierry
Seigneurie
de Nogentelle
V
Z
N
N
P
L. Aioult de.

A	*Croix, borne et poteau.*
B	*Belle-Croix.*
C	*Croix de Chierry.*
D	*Parc de la Seigneurie d'Étampes.*
	A. B. C. D. Limites de la Seigneurie d'Étampes.
O	*Chemin de Chézy-l'Abbaye.*
Q	*Rivière de Marne.*
R	*Route de Paris à Châlons.*
Y	*Chemin d'Étampes.*
S	*Demy-Lune et Route de Château-Thierry à Montmirail et à Sézanne.*
T	*Pont de la Fausse-Rivière.*
V	*Fausse-Rivière. (Sur les plans de Willacrose (1822) et de Guilmard (1838), ce canal porte le nom de Fosse-Rivière.)*
Z	*Ruisseau servant à faire rentrer des eaux dans le lit de la Marne, lorsqu'elle déborde.*

NOTA. — Les autres lettres du plan se rapportent à des opérations d'arpentage tout à fait étrangères au sujet que nous traitons.

militaire, n'avait plus sa raison d'être ; les ruisseaux qui traversaient, à ciel ouvert, la rue du Vivier, pour aller se perdre dans la Marne, furent emprisonnés dans des conduits voûtés. Il y avait dans la rue Saint-Crépin une fontaine qui gênait le passage ; on la supprima. Une autre fontaine du nom de Lamourette (1) dont le bassin se carrait au milieu de l'espace compris entre la porte de ville et les premières maisons de la rue Saint-Crépin, fut reléguée derrière le corps de garde de la Porte, dans une cavité où l'on descendait par quelques marches (2). Enfin, le dos d'âne du carrefour Saint-Crépin fut légèrement aplani et on repava les rues principales de la ville.

La disparition de ces obstacles ne fit pas que les voitures circulèrent beaucoup plus librement. Il était rare qu'elles ne fussent pas arrêtées par un encombrement dans nos rues étroites, et le service de la poste en subissait une perte de temps précieux.

1766. — C'est alors qu'un ingénieur, M. Lhomet, sous-inspecteur des Ponts et Chaussées, eût l'idée de construire à leur usage un chemin spécial, reliant le pont de Marne à la nouvelle route de Paris. Nos lecteurs doivent se souvenir que nous leur avons parlé d'une île étroite et longue qui, en avant du pont et en aval, divisait le cours de la rivière. M. Lhomet y vit l'amorce du chemin en question, autrement dit de la future levée de Château-Thierry. Tout de suite il en entreprit l'étude et dessina les plans ; mais, à peine avait-il achevé ce travail que l'administration voulant le récompenser de ses nombreux et intelligents services le nomma au poste de Grenoble. Avant de partir, M. Lhomet confia ses dossiers à son successeur, M. Mauricet, qui reconnut l'utilité du projet et se chargea de le faire exécuter.

(1) Ne pas confondre avec la fontaine des Amourettes, rue Saint-Martin.
(2) Plus tard on construisit le réservoir et le bac aux chevaux de chaque côté de l'entrée de la Grande-Rue (lieu dit les Quatre-Vents).

Comme nous n'avons trouvé aux Archives départementales aucune pièce relative à la construction de cette levée, nous nous en tiendrons à la relation qu'en donna l'abbé Hébert dans ses *Mémoires* :

L'île avait été peu de chose et même factice dans son origine, *ayant été construite*, dit un manuscrit, *pour forcer les eaux de s'épancher le long des murs de la ville*. Mais elle devint assez considérable et servait à mettre les toiles blanchir. Le lit de la rivière formait presqu'un demi-cercle, le long de la ville et des jardins du faubourg Saint-Martin. De l'autre côté de l'île, la rivière était bien moins large et moins profonde. On avait pratiqué au haut de l'île ce qu'on appelait une *palée* pour empêcher d'y passer.

Pour suivre le plan projeté, il fallait, à force de terres rapportées, faire un chemin qui de la demi-lune où se réunissaient ceux de Paris et d'Essômes, couperaient le lit de la rivière dans sa longueur, laissant à gauche et enfermant toute la partie presque circulaire de ce lit du côté de la ville, irait directement tout de niveau et par dessus l'île jusqu'aux premières arches du pont, et laissant à droite l'autre partie du lit pour le courant de la rivière.

Ce fut ce qu'on commença d'exécuter en 1766. On fit attention d'élever cette jettée à une hauteur qui surpassât celle des eaux de 1740. Où prit-on des terres pour cet ouvrage considérable? J'ai entendu dire qu'on avait détruit pour cela une terrasse ou contre-escarpe qui tenait dans le clos de l'hôpital une longueur égale et parallèle à celle du mur de la ville derrière les Cordeliers et qu'on avait creusé, à côté de l'entrée du faubourg Saint-Martin, un terrain au bout du jardin de la maison qui appartient maintenant à M. Huvier le fils, pour en avoir la terre. M. Huvier, en 1804, a fait remplir ce creux et a ajouté ce terrain à son jardin qu'il a fermé de murailles.

Le plus difficile à faire pour la Levée fut auprès du Pont, parce que l'eau forçait toujours pour avoir son cours ordinaire entre la ville et l'île. Elle entraînait pendant la nuit les pierres et les terres qu'on y avait jettées entre des claies pendant le jour, mais qu'on n'avait pu y jetter en assez grande quantité dans un même jour pour obstruer et charger le passage de manière à ce que le flot fut enfin forcé de changer de direction.

Plusieurs des communautés ou communes commandées pour y travailler trouvaient toujours au matin leur ouvrage de la veille défait. Enfin, les habitants de Nogentel, au nombre de 30 ou 40, s'excitèrent tellement à travailler pour finir l'ouvrage, qu'ils passèrent la nuit à continuer et à charger ce qu'ils avaient fait pendant le jour, en sorte que le massif se trouva suffisamment solide pour résister au courant de l'eau et la faire couler de l'autre côté de la Levée. L'ingénieur, bien content de voir enfin la Levée aboutir à l'entrée du Pont et fermer le passage à la rivière, donna l'eau-de-vie aux gens de Nogentel et les exempta de corvées pour la suite de cet ouvrage.

.

Pour en finir avec les travaux de voirie, nous ajouterons que la route d'Essômes qui, dans l'intérêt du vignoble, devait être poursuivie jusqu'à Charly, que les routes de Brasles et de Mont-Saint-Père furent ouvertes, la première en 1763 à la requête de M. Sutil, subdélégué de la Généralité de Soissons, et les deux autres en 1765, à la requête de M. Marquet, ancien commis à la direction des Aides de Château-Thierry, devenu propriétaire par son mariage avec la fille naturelle de Pâris-Duverney, du château de Mont-Saint-Père.

1767-1788. — On décida que le pont de neuf arches, ou pont François Ier, comme on l'appelle à tort, dans notre histoire, serait remplacé par un pont de trois arches et, en 1767, M. Letellier, entrepreneur de travaux publics, se mit à l'œuvre, sous les ordres de M. Mauricet, ingénieur (*voir fig. 17*).

Comment se fit-il qu'on ne construisît, tout d'abord, qu'un tiers de cet ouvrage, l'ajustant et le soudant, pour ainsi dire, à ce qui restait de l'ancien pont ? Ce n'était pas que les fonds et moyens manquâssent, puisque l'Etat avait alloué à la ville une somme de cent mille écus et que, comme toujours, on demandait à la corvée tout ce qu'elle pouvait fournir. La raison nous échappe. Toujours est-il qu'on ne fit qu'une arche sur trois, destinée à la navigation, d'où le nom d'*arche avalante* qui lui resta. Puis, on reconnut la nécessité de creuser le lit de la rivière et on employa, pour ce travail, une machine d'un art assez primitif, sorte d'énorme rouleau

(*Fig. 17*)   TRAVAUX POUR LA CONSTRUCTION D'UN PONT A TROIS ARCHES SUR LA MARNE

de bois hérissé de pièces de fer, tels que socs, couteaux, sarcloirs, etc., faits pour gratter, couper et rejeter la terre. La charrue, c'est ainsi qu'on nommait cette machine, sans doute par analogie avec les instruments servant à labourer les champs, était traînée par un bateau plat à rames que tiraient plusieurs chevaux. On attendit, pour la faire manœuvrer dans les conditions les plus favorables, que les eaux devinssent très basses, mais à peine eût-elle avancé de quelque cinquante mètres qu'un obstacle imprévu paralysa ses efforts. Les roches qui, sur une assez vaste étendue, forment le lit de la rivière, ne voulurent pas se laisser entamer et on dut renoncer à poursuivre l'opération.

Quant aux travaux du pont, ils ne furent repris qu'en 1770, après qu'une nouvelle crue eut livré un furieux assaut aux vieilles arches des comtes de Champagne. La chapelle Saint-Nicolas, dont les fondations s'affaissaient chaque jour davantage, ne put résister à ce dernier choc ; elle s'effondra dans la rivière. On en repêcha, dit-on, le tabernacle à Azy. La Société archéologique de Château-Thierry possède un souvenir de cette chapelle : une petite statuette en bois peint de Saint-Nicolas.

Afin de ne pas interrompre toutes communications entre le faubourg et la ville, on avait établi un bac à l'endroit que nous désignons aujourd'hui sous le nom d'abreuvoir (1).

Malgré tout, on ne déploya pas une activité bien grande, car ce n'est qu'en 1788, l'avant-veille de la Toussaint, que le pont fut achevé. Le comte de Tressan, lieutenant général, qui habitait Nogentel, avait posé, en grande cérémonie, la première pierre de l'arche avalante, au mois de juillet 1767. On avait donc mis 21 ans à construire cet ouvrage : est-ce la raison pour laquelle on le citait comme un modèle de solidité ?

____

(1) Les travaux en vue de l'établissement d'un pont sur la rive droite de la Marne ont nécessité la suppression de cet abreuvoir (1912).

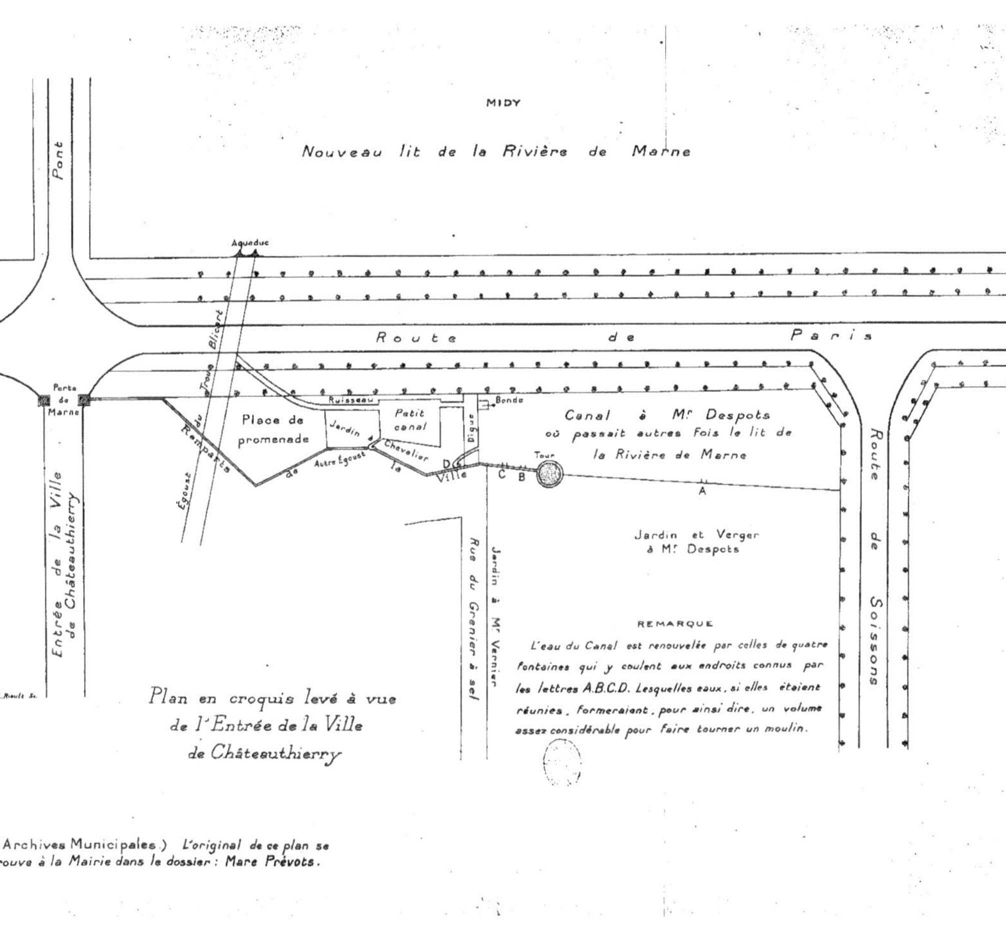

Plan en croquis levé à vue
de l'Entrée de la Ville
de Châteauthierry

(Archives Municipales.) L'original de ce plan se
trouve à la Mairie dans le dossier: Marc Prévots.

Les plans et coupes sont conservés aux archives munici‑
pales ; l'une de ces pièces nous permet de juger de l'impor‑
tance des dégâts dont il eût à souffrir lorsqu'en 1814, le 8
février, au soir, le duc de Tarente fit sauter l'arche médiane,
à l'aide d'une mine de 500 kilos de poudre.

Lorsque les alliés eurent pris Château-Thierry, leur pre‑
mier soin fut de rétablir le passage ; un bateau fut placé entre
les deux piles de l'arche rompue et soutint des pièces de bois
sur lesquels on disposa un tablier de fortune. La paix signé,
on refit l'arche entièrement et l'histoire garda seule, le souve‑
nir de sa blessure.

*
* *

Pendant longtemps, dit l'abbé Hébert, la Levée fut **comme**
un môle ou une jetée qui s'avance au milieu des eaux. A
gauche, la rivière ; à droite, et dans son ancien lit, des mares.
Il y en avait trois, connues sous les noms de ceux qui s'en
étaient attribué la propriété et qui la revendiquèrent haute‑
ment, le jour où la ville la leur contesta : la mare Chevalier,
la mare Despotz et la mare Prévost.

Située près du pont, la mare Chevalier était de beaucoup la
plus petite des trois. Un tuyau y amenait les égoûts d'une
boucherie et d'une tannerie. Elle communiquait avec la
Marne, quand les eaux étaient hautes, au moyen d'un aqueduc
dit le trou Blicard.

La mare Despotz (1) qui occupait l'espace compris entre la
rue du Grenier-à-Sel et la route de Soissons, avait une conte‑
nance de 70 à 80 perches ; elle recevait les eaux de plusieurs
ruisseaux charriant les immondices de la rue des Cordeliers,
du carrefour de la Prison et de quelques maisons particu‑
lières. Tout ce qui sortait de la fosse d'une tannerie d'un
bourrelier de la Grande-Rue s'y déversait. Elle communiquait
avec la précédente au moyen d'une vanne.

(1) Mme Despotz, de son nom de famille s'appelait Marie-Claire de La
Fontaine : elle était arrière-petite-fille du fabuliste.

La troisième, mare Prévost, la plus grande des trois, était séparée de la mare Despotz par la route de Soissons. Elle s'étendait, à l'ouest, devant la Levée et ne mesurait pas moins de 230 perches. Un grand nombre de sources et de ruisseaux descendant du côteau, l'alimentaient, mais ils se mêlaient à leurs eaux les immondices de plusieurs tanneries et boucheries du faubourg Saint-Martin ; toutes les ordures des ruelles Boudin, Chauvet et Bruxelles, lesquelles servaient de latrines à la population ouvrière de ce quartier, (les petites maisons n'en possédant point à cette époque), étaient entraînées dans la mare par les temps de grandes pluies. Elle n'avait pour toute issue qu'un fossé peu profond qui la mettait en communication avec la rivière quand celle-ci était haute, par le moyen d'un aqueduc passant sous la chaussée.

Ces mares dégageaient, en toute saison, une odeur infecte qui incommodait fort les habitants de la ville, surtout quand le vent se mettait à souffler du sud, et ces exhalaisons putrides occasionnèrent chez un grand nombre des fièvres intermittentes, souvent rebelles à tout traitement. Le comblement des mares s'imposait : telle fut la conclusion d'un rapport lu dans une séance tenue au Louvre par la Société Royale de Médecine, le 30 août 1782. Ce comblement fut achevé, pour la plus petite, aux environs de 1793, pour la grande en 1812 et pour la moyenne en 1831.

La ville, pour éviter les ennuis, les frais et les longueurs d'un procès avec les héritiers ou les ayants-cause de ceux qui prétendaient avoir un droit de propriété sur l'ancien lit de la rivière, eut recours à la voie raisonnable de la transaction. Plus tard, elle loua puis vendit le terrain de la mare Prévost à divers particuliers qui en firent ces jardins que nous voyons aujourd'hui, à l'ouest de l'avenue de Soissons, bordés, au nord, par la ruelle des Minimes et au midi, par les allées de la Levée ou avenue Jules-Lefebvre. Quant aux mares Chevalier et Despotz, elles furent transformées en une grande et belle place, grâce au zèle infatigable des hommes composant la Garde Nationale, constate une délibération du Conseil municipal du 20 avril 1831. Sur la demande de ces braves citoyens, la même délibération décide que cette place portera le nom de place du Champ-de-Mars (1). Elle servit et sert de nos jours à l'installation des foires et marchés. Jusqu'en 1870, la Garde nationale y passa mainte brillante revue...

Telle est, dans ses grandes lignes (nous aurions craint en entrant dans le détail de lasser la patience d'un lecteur déjà trop bienveillant) l'histoire des principales transformations qu'a subies notre petite ville, au cours des siècles.

Il n'est pas beaucoup de sujets qui soient plus ingrats que celui que nous venons de traiter. Aussi avons-nous cherché à en atténuer la sécheresse à l'aide d'anecdotes et de brèves monographies, sans toutefois perdre, un instant, de vue le but que nous poursuivions : donner à nos concitoyens, d'après les trop rares documents que le passé nous a légués, une idée aussi exacte que possible de l'aspect que présentait Château-Thierry au Moyen-Age. L'entreprise était hasardeuse ; avons-nous réussi ? Nous n'oserions nous en flatter, sachant combien il est difficile d'apporter, en ces sortes de travaux, la clarté et la précision désirables.

Que le lecteur ne veuille donc voir en cet effort qu'un hommage cordial rendu à notre « petite patrie » par l'un de ses enfants qui lui sont le plus sincèrement attachés.

(1) En 1918, pour honorer la mémoire des soldats américains tombés en défendant Château-Thierry et notamment le passage de la Marne, le Conseil municipal lui a donné le nom de Place des Etats-Unis.

Plan de la Marre dite Prévost, contenant un hectare, dix-sept ares, quarante-quatre centiares.
Route de Paris
Route de Soissons
de l'Abbé de Valsecret
Marre Prévost
de Mr de Courtenvaux
Ozeret au sieur Gardet
eaux de la Marre et des Jardins
Fossé servant d'écoulement aux
Fossé
Sente à pieds
Terrein adjacent de Gardet
Sente à pieds
Jardin
Jardin
Jardin à Mr de Moucheton de Gerbrois
Jardin
Ruelle
Jardin à Mr Leseur
Jardin
Jardin à Mr Lafontaine
Ruelle
Ruelle
(18 Août 1818)
L. Riault Sc.

NOMS QU'A PORTÉS CHATEAU-THIERRY
DU Xᵉ SIÈCLE A NOS JOURS

Extrait du Dictionnaire topographique du Dépᵗ de l'Aisne, par A. MATTON

923   *Castrum Theoderici* (ex. Chron. Turonensi, Hist. de France, t. IX, p. 51. A).

923   *Castellum Theoderici* (Chr. Flodoardi, presb. remensis).

1157   *Castrum Teoderici* (Cart. de l'abbaye de Vauclerc, fᵒ 41).

1218   *Castrum Theodorici* (Epistola Honorii Papæ III. Hist. de France, t. XIX).

XIIIᵉ siècle   *Chastel-Thierri* (Hist. de saint Louis par Joinville),

1303   *Chasteau-Thierry* (Ordon. des Rois de France, t. I, p. 385).

1323   *Chastiau-Thiery* (Cart. de l'abb. de Notre-Dame de Soissons, fᵒ 255).

1326   *Château-Thiery ;*

1344   *Chastiau-Thierry* (Arch. de l'Emp. Tr. des ch. reg. 64, nᵒˢ 319 et 42).

1344   *Castrum Thierrici, Chastel-Thierry* (Ibid. reg. 75, nᵒˢ 604 et 371).

1615   *Castrodoricum* (Arch. comm. de Charly).

1793   *Egalité-sur-Marne* (1) en vertu de la loi du 8 brumaire, an II, et des arrêtés de l'Administration centrale de

(1) Extrait du procès-verbal de la Convention Nationale du huitième jour du second mois de l'an deuxième de la République française une et indivisible (29 octobre 1793).

Sur la demande de la Société républicaine de Château-Thierry, convertie en motion par un membre, la Convention Nationale décrète qu'il sera substitué au nom de Château-Thierry celui d'Egalité-sur-Marne.

Visé par l'inspecteur. *Signé :* S.-E. MANUEL.

Collationné à l'original par nous les Secrétaires de la Convention Nationale à Paris, le treizième jour du second mois de l'an second de la République. *Signé :* FOURCEROY et VOULLANT. *Pour copie conforme :* DRAPIER. *Contresigné :* A. LE GROS. (*Archives Municipales*).

l'Aisne des 4 thermidor et 13 fructidor an VI ; Château-Thierry reprit son ancien nom en vertu d'un arrêté du 13 frimaire an VII, de la même Administration.

(Nous ajouterons qu'au XVIe siècle, on a adopté, ici, l'abréviation *Chaûry.)*

Seigneurie érigée en duché-pairie au mois de mai 1400 et les 8 février 1566 et 2 décembre 1665. Ce duché comprit, en 1566, les châtellenies de Château-Thierry, de Châtillon-sur-Marne et d'Epernay. (*Dictionnaire de la Noblesse*, de La Chenaye-Desbois). Brussel met la vicomté de Château-Thierry au nombre de celles qui relevaient directement de la Champagne. La baronnerie de Montmirail a été distraite de sa mouvance avant 1645.

Armes de la Ville de Château-Thierry

ARMES ANCIENNES

Nous avons trouvé ces deux descriptions qui diffèrent par les couleurs. Nous les donnons sous toutes réserves :

1º D'azur à la branche de houx à deux brins en argent, au chef cousu de gueules semé de France.

2º De gueules chargé de deux branches de houx, au chef d'azur semé de fleurs de lis d'or, avec cette devise : NUL NE S'Y FROTTE.

Ces armes avaient été données à la ville par Robert de La Marck (1544-1556).

ARMES MODERNES

Louis XVIII, par lettres patentes datées de Paris du 17 décembre 1818, les fixa définitivement ainsi :

D'azur à un château composé de cinq tours d'argent pavillonnées et girouettées du même, posé en fasce, accompagné de trois fleurs de lis d'or posées deux en chef et une en pointe.

L'écu est orné, extérieurement, de deux branches de houx et d'un listel où se trouve la devise des La Marck : NUL NE S'Y FROTTE.

Depuis 1920, la ville de Château-Thierry porte dans ses armes la Croix de la Légion d'Honneur et la Croix de Guerre.

ERRATUM

Page 14, 6e ligne : Erreur de date, lire 1479 au lieu de 1477.

Page 51, 11e ligne : Lire Anthoine et non Authoine.

Page 74, 14e ligne : Au lieu du 9e jour de mai, lire le 7e jour.

Page 106, 26e ligne : Au lieu de pont de départ, lire point de départ.

TABLE DES MATIÈRES

APPENDICE

TABLE DES GRAVURES

TABLE DES PLANS

PLANS HORS TEXTE

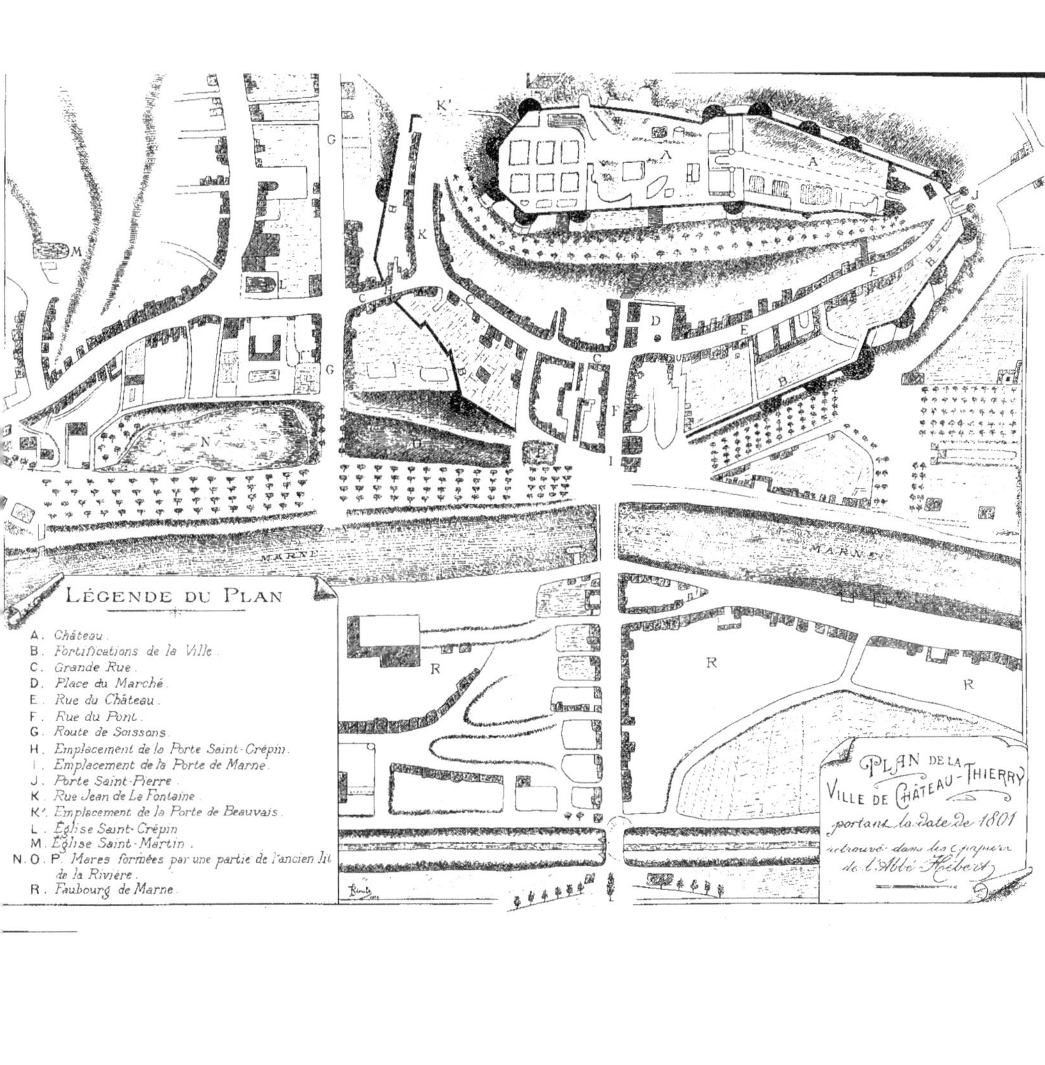

LÉGENDE DU PLAN

A. Château.
B. Fortifications de la Ville.
C. Grande Rue.
D. Place du Marché.
E. Rue du Château.
F. Rue du Pont.
G. Route de Soissons.
H. Emplacement de la Porte Saint-Crépin.
I. Emplacement de la Porte de Marne.
J. Porte Saint-Pierre.
K. Rue Jean de Le Fontaine.
K'. Emplacement de la Porte de Beauvais.
L. Église Saint-Crépin.
M. Église Saint-Martin.
N. O. P. Mares formées par une partie de l'ancien lit
de la Rivière.
R. Faubourg de Marne.

MARNE

PLAN DE LA
VILLE DE CHÂTEAU-THIERRY
portant la date de 1801
retrouvé dans les papiers
de l'Abbé Hébert

IMP. COMMERCIALE
5o, Rue de la Madeleine